汉英对照·汉语100点实用系列手册

汉语语音100点
100 Chinese Phonetics

谭春健　主编
王　芳　编著

北京大学出版社
PEKING UNIVERSITY PRESS

图书在版编目(CIP)数据

汉语语音 100 点 /谭春健主编;王芳编著.—北京:北京大学出版社,2011.10

(汉英对照·汉语 100 点实用系列手册)

ISBN 978-7-301-19536-9

Ⅰ.汉… Ⅱ.王… Ⅲ.汉语-语音-对外汉语教学-教学参考资料 Ⅳ.H195.4

中国版本图书馆 CIP 数据核字(2011)第 192857 号

书　　　名：	汉语语音 100 点
著作责任者：	谭春健　主编　王　芳　编著
责 任 编 辑：	沈　岚
标 准 书 号：	ISBN 978-7-301-19536-9/H·2942
出 版 发 行：	北京大学出版社
地　　　址：	北京市海淀区成府路 205 号　100871
网　　　址：	http://www.pup.cn
电　　　话：	邮购部 62752015　　发行部 62750672
	编辑部 62767349　　出版部 62754962
电 子 邮 箱：	zpup@pup.pku.edu.cn
印　　刷　者：	北京宏伟双华印刷有限公司
经　销　者：	新华书店
	650 毫米×980 毫米　16 开本　17.5 印张　250 千字
	2011 年 10 月第 1 版　2011 年 10 月第 1 次印刷
定　　　价：	55.00 元(含 1 张 MP3)

未经许可,不得以任何方式复制或抄袭本书之部分或全部内容。
版权所有,侵权必究　举报电话: 010-62752024
电子邮箱: fd@pup.pku.edu.cn

前言

欢迎使用《汉语语音100点》。

这是一本为汉语学习者编写的语音学习与操练手册,旨在满足汉语学习者在语音知识方面的需要,提高说汉语时发音的准确度与清晰度;同时也为汉语教师教授语音、编写汉语教材提供参考。

手册针对汉语学习者学习语音时遇到的问题,以100点的形式比较系统地呈现了汉语"声母"、"韵母"、"拼音规则"、"声调"、"音变"和"重音和语调"等内容,重点在于相似音的听辨、声韵调的拼合以及语流、句调的发音训练上。有些问题对于大多数不同母语背景的学生来说是比较常见的,而有些问题则存在较大差异。学习者可以根据自己的情况有针对性地学习和操练。

手册中各点的体例是按照以下思路编排的。具体到各点会略有差异。

1. 语音知识或发音要领:手册中各点首先对一些语音知识进行简要介绍;同时告诉学习者许多常常被忽视但至关重要的发音要领。

2. 跟读模仿:根据发音要领,手册对介绍的语音配以标准示范朗读,让学习者跟读模仿,以达到正确发音的学习目的。

3. 对比听辨:选择学习者容易出错、学习困难的相似发音,包括汉语本身的相似发音以及汉语与学习者母语之间易混淆的发音,进行对比、听辨,避免学习者出现偏误。

4. 听说操练:运用常用词语、成语、儿歌、绕口令等素材进行听说操练。选用的素材涵盖了语音学习的重点,也讲究韵律、实用和趣味,可以帮助学习者巩固和活用所学的语音、语调、重音、节奏等。

《汉语语音100点》的特点在于:

1. 直观展示:用精练的文字说明,配以各种发音示意图、图示以及标准朗读发音,以文、图、音并举的直观形式让学生理解、掌握汉语发音的重

汉语语音100点

点和难点。

2. 突出实践：手册配有MP3格式的光盘一张。学习者可以依托文本顺序，跟着光盘，对所学发音反复感知、模仿、听辨和操练。

3. 确立正音标准词：声调练习以双音节为基础，每个声调搭配突出记忆一个正音标准词，其他所学新词的声调可以像唱歌一样去对照这个标准词练习。另外，间或指出常用声韵调组合，以提高学习者背诵单词的效率。

4. 实用+趣味：手册中语音练习选用的词语、成语颇具实用性；而儿歌、绕口令等的练习则让学习者多了一份放松兼挑战的乐趣，在放松与挑战中感知汉语的发音。

学习汉语，首先要学好汉语的发音。发音学习要"入乎耳，出乎口"，就是说一定要让自己所学的每一个发音从耳朵里进去，再从嘴里出来，然后对照比较一下儿，这样你的发音才能有所进步。现在就拿起这本书来试一试吧。你只要依照本书的100点每天听，每天说，经过一段时间的练习后，你就能脱口而出正确、地道的汉语发音了。

谭春健

Preface

Welcome to *100 Chinese Phonetics*. This manual is compiled for the foreign Chinese learners to learn and practice Chinese Phonetics. It is designed to improve the leaners' accuracy and clarity of pronunciation. It can be also used as a reference book for teaching Chinese phonetics or compiling textbooks.

For the problems learners may encounter, we systematically discussed 100 questions of Chinese phonetics in this manual, such as "initials", "finals", "instructions on Pinyin writing", "tones", "sandhi", "stress and intonation", etc. Special emphases are on the similar pronunciations, combination of the initials, finals and tones, and sandhi. Many problems are common for the majority of students of different language background, however, students can be varied according to their own situations to learn and practice.

The stylistic rules and layout are as follows. Each question might be subject to change according to its own characteristics.

1. Phonetic knowledge or essentials of pronunciation

It will first give a brief introduction of phonetic knowledge; and then tell the learners the essentials of pronunciation, which might be neglected sometimes.

2. Repeat and imitate

According to the pronunciation essentials, the accompanied MP3 provides the standard sample for learners to imitate; the learners can be expected to achieve the accurate pronunciation by practicing.

3. Comparison and discrimination

In order to avoid mistakes, similar pronunciations, which easy to cause problems, are chosen for learners to compare and discriminate, including those similar to their mother tongue.

4. Practice listening and speaking

Materials including everyday expressions, proverbs, nursery rhymes, tongue twisters and so on are used to practice listening and speaking. It not only stresses on the phonetic knowledge, but also pays attention to rhyme, practicability and interest, for learners to consolidate and apply that they have learned.

Characteristics of *100 Chinese phonetics*:

1. Well-presented

Sketches of pronunciation, schematic illustration and standard reading sample of MP3 in this manual help the learners comprehend the difficulties and essentials of Chinese pronunciation.

2. Emphasis on practicing

The manual is accompanied with a MP3. Learners can repeat, imitate and practice by using it.

3. Standard pronunciation words

Tones practice is based on the disyllable, a standard pronunciation word is stressed for the learners to remember the

Preface

tone, and other new words can be learned by comparing the standard pronunciation word. In addition, some commonly used combinations of the initials, finals and tones are stressed for the learners to improve the efficiency of reciting.

4. Practicality + Interest

Commonly used words and proverbs are chosen for practicality; nursery rhymes and tongue twisters can give the learners both relaxation and challenges, making them enjoy learning and practicing pronunciation.

The first thing of learning Chinese is to learn the pronunciation. One should let every single syllable come into ears, and speak it out, and then compare the standard one, thus one's pronunciation can be improved. Just take this book and try it now. All you need is to listen and speak everyday according to the instructions of this book. After a period of time, you may blurt out Chinese with the most accurate and perfect pronunciation.

Tan Chunjian

目 录

一、汉语语音简介 Instruction on Chinese Phonetics ………… 1

1. 汉语的音节 Chinese syllables / 1
2. 汉语的声母和韵母 Initials and finals in Chinese / 5
3. 汉语的声调 Tones in Chinese / 7
4. 汉语拼音方案 The Scheme for the Chinese Phonetic Alphabet / 9

二、声母 Initials ……………………………………………… 12

5. 汉语的21个声母 21 initials of Chinese phonetics / 12
6. 声母b, p的发音 Pronunciation of initials "b" and "p" / 15
7. 声母m, f的发音 Pronunciation of initials "m" and "f" / 19
8. 声母d, t的发音 Pronunciation of initials "d" and "t" / 23
9. 声母n, l的发音 Pronunciation of initials "n" and "l" / 27
10. 声母g, k, h的发音 Pronunciation of initials "g", "k" and "h" / 31
11. 声母j, q, x的发音 Pronunciation of initials "j", "q" and "x" / 35
12. 声母z, c, s的发音 Pronunciation of initials "z", "c" and "s" / 39
13. 声母 zh, ch, sh, r 的发音 Pronunciation of initials "zh", "ch", "sh" and "r" / 42
14. 汉语送气音和非送气音的归纳总结 Aspirated initials and unaspirated initials / 46
15. 声母z和zh的辨音 Articulation of z and zh / 48
16. 声母z和j的辨音 Articulation of z and j / 51
17. 声母c和ch的辨音 Articulation of c and ch / 54
18. 声母c和q的辨音 Articulation of c and q / 57
19. 声母s和sh的辨音 Articulation of s and sh / 60
20. 声母s和x的辨音 Articulation of s and x / 63
21. 声母r和l的辨音 Articulation of r and l / 66
22. 声母表 Initials / 69

三、韵母 Finals ·················· 71

23. 单韵母 Simple finals / 71
24. 怎样发好 i, u, ü? How to pronounce i, u, ü? / 74
25. 怎样发好 u 和 e? How to pronounce u and e? / 77
26. 怎样发好 e 和 er? How to pronounce e and er? / 80
27. 复韵母(1)前响二合元音韵母 Compound finals (1) Front-louder di-finals / 83
28. 复韵母(2)后响二合元音韵母 Compound finals (2) Back-louder di-finals / 86
29. 复韵母(3)中响三合元音韵母 Compound finals (3) mid-louder tri-finals / 89
30. 鼻韵母(1)前鼻音韵母1 Nasal finals (1) Front nasal finals 1 / 91
31. 鼻韵母(1)前鼻音韵母2 Nasal finals (1) Front nasal finals 2 / 94
32. 鼻韵母(2)后鼻音韵母1 Nasal finals (2) Back nasal finals 1 / 96
33. 鼻韵母(2)后鼻音韵母2 Nasal finals (2) Back nasal finals 2 / 98
34. 前鼻音韵母和后鼻音韵母的辨析 Front nasal finals and back nasal finals / 100
35. an, en, in 以及 ang, eng, ing 的开口度的区别 The openness when pronouncing an, en, in and ang, eng, ing / 103
36. i 起头的韵母 Finals started with i / 105
37. u 起头的韵母 Finals started with u / 107
38. ü 起头的韵母 Finals started with ü / 109
39. a, e, i 实际发音的不同 On pronunciations of a, e, i / 111
40. 韵母表 Finals / 113

四、拼音规则 Instructions on Pinyin Writing ·················· 114

41. 汉语普通话的四呼 / 114
    The four rhyming patterns in Chinese Mandarin
42. 普通话声韵拼合规律 / 116
    Rules of the Combinations of the initials and finals in Chinese
43. 整体认读音节 Syllables recognized as one unit / 118
44. 音节拼写规则: y, w 的用法 Pinyin rules of y and w / 120
45. 音节拼写规则: 隔音符号的用法 / 122

Pinyin rules of syllable split mark

46. 音节拼写规则：省写 Pinyin rules of ellipsis / 123

47. 音节拼写规则：标调法 Tone mark labeling / 124

48. 音节拼写规则：大写 Pinyin rules of the capital letters / 126

49. 单韵母ü和ü介音复元音韵母与 j, q, x 相拼的拼音规则 Pinyin rules of the combination of ü and j, q, x / 127

五、声调 Tones 129

50. 怎么发好第一声和第四声？
    How to pronounce the first tone and the fourth tone? / 129

51. 怎么发好第二声和第三声？
    How to pronounce the second tone and the third tone? / 132

52. 双音节词的声调搭配：1＋1, 1＋2
    Tones of the two-syllable-word: 1＋1, 1＋2 / 136

53. 双音节词的声调搭配：1＋3, 1＋4
    Tones of the two-syllable-word: 1＋3, 1＋4 / 138

54. 双音节词的声调搭配：2＋1, 2＋2
    Tones of the two-syllable-word: 2＋1, 2＋2 / 140

55. 双音节词的声调搭配：2＋3, 2＋4
    Tones of the two-syllable-word: 2＋3, 2＋4 / 142

56. 双音节词的声调搭配：3＋1, 3＋2
    Tones of the two-syllable-word: 3＋1, 3＋2 / 144

57. 双音节词的声调搭配：3＋3, 3＋4
    Tones of the two-syllable-word: 3＋3, 3＋4 / 146

58. 双音节词的声调搭配：4＋1, 4＋2
    Tones of the two-syllable-word: 4＋1, 4＋2 / 148

59. 双音节词的声调搭配：4＋3, 4＋4
    Tones of the two-syllable-word: 4＋3, 4＋4 / 150

60. 汉语的轻声(1) Neutral tone (1) / 152

61. 汉语的轻声(2)词汇轻声 Neutral tone (2) / 155

62. 汉语的轻声(3)语法轻声 Neutral tone (3) / 158

63. 汉语的轻声(4)轻声的辨义作用 Neutral tone (4) / 160

64. 三音节词语的声调搭配 Tone style of the tri-syllable words / 163

65. 三个三声相连的读法 Pronunciations of the words with three third tone syllables / 165
66. 含有轻声音节的三音节词语 Pronunciations of tri-syllable words with a neutral tone / 167

六、音变 The Sandhi in Chinese Phonetics 169

67. "一"的变调 The tone sandhi of "一" / 169
68. "不"的变调 The tone sandhi of "不" / 172
69. 儿化 Retroflexion / 174
70. 儿化的作用 The function of the retroflexion / 176
71. 儿化在不同韵尾后的音变(1)
    Retroflexion rules for different finals (1) / 178
72. 儿化在不同韵尾后的音变(2)
    Retroflexion rules for different finals (2) / 180
73. 儿化在不同韵尾后的音变(3)
    Retroflexion rules for different finals (3) / 181
74. 儿化在不同韵尾后的音变(4)
    Retroflexion rules for different finals (4) / 182
75. 儿化在不同韵尾后的音变(5)
    Retroflexion rules for different finals (5) / 183
76. 儿化在不同韵尾后的音变(6)
    Retroflexion rules for different finals (6) / 184
77. 常用的儿化词 Retroflex words frequently used / 185
78. "……啊"的音变(1)
    Sound changes of the pronunciation of "啊"(1) / 186
79. "……啊"的音变(2)
    Sound changes of the pronunciation of "啊"(2) / 187
80. "……啊"的音变(3)
    Sound changes of the pronunciation of "啊"(3) / 188
81. "……啊"的音变(4)
    Sound changes of the pronunciation of "啊"(4) / 189
82. "……啊"的音变(5)
    Sound changes of the pronunciation of "啊"(5) / 190

83. "……啊"的音变(6)

　　Sound changes of the pronunciation of "啊"(6) /191

84. "……啊"的音变综合练习

　　Exercises on sound changes of the pronunciation of "啊" / 192

七、重音和语调 Stress and Intonation …………………… 194

85. 双音节词语的重音 Stress of di-syllable words / 194
86. 三音节词语的重音 Stress of tri-syllable words / 196
87. 四音节词语的重音 Stress of four-syllable words / 198
88. 句子中的停顿 Pause in a Chinese sentence / 200
89. 句子的重音（1）(语法重音) Stress in sentences (1) (Grammar stress) / 202
90. 句子的重音（2）(逻辑重音1) Stress in sentences (2) (Logical stress 1) / 204
91. 句子的重音（3）(逻辑重音2) Stress in sentences (3) (Logical stress 2) / 206
92. 基本句调(升调和降调)

　　Basic intonation in Chinese (raising and falling tones) / 208

93. 陈述句的句调 Intonation of the declarative sentences / 210
94. 疑问句的句调 Intonation of the interrogative sentences / 212
95. 祈使句的句调 Intonation of the imperative sentences / 215
96. 感叹句的句调 Intonation of the exclamatory sentences / 217
97. 句子末尾的"吧"和"吗" "吧" and "吗" used at the end of the sentences / 219
98. 常用感叹词用法举例 (1)

　　Using examples of interjections (1) / 221

99. 常用感叹词用法举例 (2)

　　Using examples of interjections (2) / 225

100. 有趣的拟声词 Interesting mimetic words / 228

参考答案 Keys …………………………………………… **232**

一、汉语语音简介
Instruction on Chinese Phonetics

1. 汉语的音节 Chinese syllables

(一) 汉语音节介绍
Instruction on Chinese syllables

汉语的音节是汉语语音的基本单位,一个音节由声母、韵母、声调三部分组成。一般来说,一个汉字表示一个音节。例如:mā这个音节,声母是m,韵母是ā,声调是第一声,对应的汉字是"妈",它的意思是"妈妈、母亲"。汉语的一个音节可以没有声母,但是一定要有韵母和声调,例如:èr"二"、yú"鱼"等等。

Syllable is the basic unit of Chinese phonetics. Chinese syllables are combined of initials, finals and tones. Generally speaking, one Chinese character indicates one syllable. For example:the syllable "mā", is combined of initial "m", final "a", and the first tone, corresponded with the character "妈", which means "mom,mother". Some of the Chinese syllables have no initials, but they must have finals and tones. For example: èr "二", yú "鱼", ect.

(二) 听录音并跟读,注意每个词音节个数的不同
Listen to the recording and read. Pay attention to the number of the syllables in each word

yī	èr	sān	sì	wǔ
一	二	三	四	五
1	2	3	4	5

汉语语音100点

rén	shǒu	bí	yún	shù
人	手	鼻	云	树

Zhōngguó	Chángchéng	yínháng	yóujú	kǎoyā
中国	长城	银行	邮局	烤鸭

Tiān'ānmén	sānmíngzhì	hànbǎobāo	Màidāngláo
天安门	三明治	汉堡包	麦当劳

(三) 听录音,写出你听到的每个词音节的个数并跟读模仿

Listen to the recording, write down the the number of the syllables in each word and read

1. _____ _____ _____ _____
2. _____ _____ _____ _____
3. _____ _____ _____ _____
4. _____ _____ _____ _____

（四）猜一猜：边听录音边看图片，把你听到的音节和相关的图片连起来

Can you guess?

Listen to the recording and look at the pictures, then choose the right picture for each word.

Hālì Bōtè
哈利波特

Bèikèhànmǔ
贝 克 汉 姆

kāfēi
咖啡

kěkǒu kělè
可 口 可 乐

（五）试一试：听下面的古诗并跟读模仿

Can you try? Listen to the poem and read

Yǒng É
咏 鹅

É, é, é,
鹅，鹅，鹅，
Qū xiàng xiàng tiān gē,
曲 项 向 天 歌，
Bái máo fú lǜ shuǐ,
白 毛 浮 绿 水，
Hóng zhǎng bō qīng bō.
红 掌 波 清 波。

2. 汉语的声母和韵母 Initials and finals in Chinese

(一) 知识介绍

Instruction on initials and finals in Chinese

一个汉语音节由声母、韵母、声调三个部分组成。我们把一个音节开头的辅音叫做"声母",声母后面的部分叫做"韵母"。例如:hàn这个音节,声母是音节开头部分的"h",而韵母是后面的部分"an"。一个音节也可以没有声母,这样的音节叫做"零声母音节",例如:ài 爱(love),wǒ 我(I),yuè 月(moon,month)等等。

Chinese syllables are combined of initials, finals and tones. The consonant at the beginning of one syllable is called "initial", and the rest part of the syllable is called "final". For example: in syllable "hàn", "h" is initial, and "an" is final. There are some syllables without initials, like ài 爱 (love), wǒ 我 (I), yuè 月 (moon, month).

(二) 听录音并跟读,注意每个音节的声母部分和韵母部分

Listen to the recording and read. Pay attention to the initials and finals

māo	lèi	kū	shuō
猫	累	哭	说
gěi	jiā	xiǎo	juān
给	家	小	娟
měitiān	xuéxí	Hànyǔ	lǎoshī
每天	学习	汉语	老师
fāyīn	jìxù	fēnglíng	niánqīng
发音	继续	风铃	年轻

(三) 听录音并跟读,在声母相同的两个音节后画勾

Listen to the recording and read. Choose the group with the same initials with "√"

1. máng 忙 mén 门 (   ) 2. lèi 累 lěng 冷 (   )

汉语语音100点

	chī hé			huó shuō	
3.	吃　和	(　)	4.	活　说	(　)

	luàn suàn			fāng fēng	
5.	乱　算	(　)	6.	方　风	(　)

	gěi huì			suān shuǎng	
7.	给　会	(　)	8.	酸　爽	(　)

（四）听录音并跟读，在韵母相同的两个音节后画勾

Listen to the recording and read. Choose the group with the same finals with "√"

	suì shuì			mǎi méi	
1.	岁　睡	(　)	2.	买　没	(　)

	láng lěng			huàn juān	
3.	狼　冷	(　)	4.	换　娟	(　)

	wán wǎng			lěng mèng	
5.	玩　网	(　)	6.	冷　梦	(　)

	zhuī chuí			cuī cún	
7.	追　锤	(　)	8.	催　存	(　)

（五）听录音，跟读下列零声母音节

Listen to the recording and read the syllables without initials

yān　　　　yún　　　　ěr　　　　yuán
烟　　　　　云　　　　　耳　　　　　元

yú　　　　　yǔ　　　　yáng
鱼　　　　　雨　　　　　羊

3. 汉语的声调 Tones in Chinese

（一）知识介绍

Instruction on tones in Chinese

声调是汉语语音非常突出的特点，也是一个汉语音节必不可少的组成部分。汉语的基本声调有四个，分别是阴平(55)、阳平(35)、上声(214)和去声(51)。汉语的声调有区别意义的作用。

Tones are one of the most important characteristics of Chinse phonetics. There are four basic tones in Chinese: first tone (55), second tone (35), third tone (214) and fourth tone(51). Combinations of same initials and finals but different tones have different meanings.

（二）听录音并跟读模仿，注意声调和意义的不同

Listen to the recording and read. Pay attention to the differences on tones and meanings

1. mā 妈　　mǎ 马　　2. chuáng 床　　chuāng 窗

3. māo 猫　　mào 帽　　4. shuǐ 水　　shuì 睡

		fēi 飞	féi 肥		bēi 杯	běi 北
5.				6.		

		shū 书	shù 树		yī 一	yǐ 椅
7.				8.		

(三) 听录音并跟读模仿，注意声调的不同

Listen to the recording and read. Pay attention to the differences on tones

mā má mǎ mà
妈 麻 码 骂

bā bá bǎ bà
八 拔 把 爸

yuān yuán yuǎn yuàn
冤 元 远 怨

fāng fáng fǎng fàng
方 房 仿 放

(四) 听录音,选出每组中声调不同的一个音节

Listen to the recording and choose the syllable with different tone in each group

1. 问 文 棚 人（　） 2. 美 吻 水 孙（　）
3. 宽 位 晕 真（　） 4. 是 死 四 坠（　）
5. 将 讲 显 脸（　） 6. 肉 惹 可 火（　）

4. 汉语拼音方案 The Scheme for the Chinese Phonetic Alphabet

一、字母表 Alphabet

字母	名称	字母	名称
Aa	ㄚ	Nn	ㄋㄝ
Bb	ㄅㄝ	Oo	ㄛ
Cc	ㄘㄝ	Pp	ㄆㄝ
Dd	ㄉㄝ	Qq	ㄑㄧㄡ
Ee	ㄜ	Rr	ㄚㄦ
Ff	ㄝㄈ	Ss	ㄝㄙ
Gg	ㄍㄝ	Tt	ㄊㄝ
Hh	ㄏㄚ	Uu	ㄨ
Ii	ㄧ	Vv	ㄛㄝ
Jj	ㄐㄧㄝ	Ww	ㄨㄚ
Kk	ㄎㄝ	Xx	ㄒㄧ
Ll	ㄝㄌ	Yy	ㄧㄚ
Mm	ㄝㄇ	Zz	ㄗㄝ

二、声母表 Initials

b	p	m	f	d	t	n	l
ㄅ玻	ㄆ坡	ㄇ摸	ㄈ佛	ㄉ得	ㄊ特	ㄋ讷	ㄌ勒

g	k	h	j	q	x
ㄍ哥	ㄎ科	ㄏ喝	ㄐ基	ㄑ欺	ㄒ希

zh	ch	sh	r	z	c	s
ㄓ知	ㄔ蚩	ㄕ诗	ㄖ日	ㄗ资	ㄘ雌	ㄙ思

汉语语音100点

三、韵母表 Finals

	i 丨 衣	u ㄨ 乌	ü ㄩ 迂
a ㄚ 啊	ia 丨ㄚ 呀	ua ㄨㄚ 蛙	
o ㄛ 喔		uo ㄨㄛ 窝	
e ㄜ 鹅	ie 丨ㄝ 耶		üe ㄩㄝ 约
ai ㄞ 哀		uai ㄨㄞ 歪	
ei ㄟ 诶		uei ㄨㄟ 威	
ao ㄠ 熬	iao 丨ㄠ 腰		
ou ㄡ 欧	iou 丨ㄡ 忧		
an ㄢ 安	ian 丨ㄢ 烟	uan ㄨㄢ 弯	üan ㄩㄢ 冤
en ㄣ 恩	in 丨ㄣ 因	uen ㄨㄣ 温	ün ㄩㄣ 晕
ang ㄤ 昂	iang 丨ㄤ 央	uang ㄨㄤ 汪	
eng ㄥ 亨的韵母	ing 丨ㄥ 英	ueng ㄨㄥ 翁	
ong ㄨㄥ 轰的韵母	iong ㄩㄥ 雍		

四、声调符号 Tone mark

阴平	阳平	上声	去声
ˉ	ˊ	ˇ	ˋ

声调符号标在音节的主要母音上。轻声不标。

The tone mark is placed on the main vowel of the syllable. There is no tone mark for a neutral tone.

例如:

妈 mā	麻 má	马 mǎ	骂 mà	吗 ma
阴平	阳平	上声	去声	轻声

五、隔音符号

a,o,e开头的音节连接在其他音节后面的时候,如果音节的界限发生混淆,用隔音符号(')隔开,例如:pí'ǎo(皮袄)。

When the syllables started with a, o, e are used after other syllables, and the bounds of the two syllables must be distinguished, " ' " is used between the two syllables, like: pí'ǎo(皮袄)。

二、声母
Initials

5. 汉语的21个声母 21 initials of Chinese phonetics

(一) 听录音并跟读模仿

Listen to the recording and read

b	p	m	f
d	t	n	l
g	k	h	
j	q	x	
zh	ch	sh	r
z	c	s	

(二) 听录音并跟读模仿，注意声母的区别

Listen to the recording and read. Pay attention to the different initials

běn	pēn	máng	fáng
本	喷	忙	房
dìng	tīng	nuǎn	luǎn
定	听	暖	卵
guò	kuò	huó	
过	扩	活	
jiā	qián	xuǎn	
家	钱	选	
zhàn	chē	shì	rì
站	车	是	日
zì	cóng	sòng	
字	从	送	

声 母

（三）听录音，选择你听到的音节并跟读模仿，注意声母的区别

Listen to the recording, choose and read the syllable you hear. Pay attention to the different initials

1. bāng 帮　　páng 旁　　　2. màn 慢　　fán 烦

3. tǐng 挺　　dōng 东　　　4. nán 男　　luàn 乱

5. kuān 宽　　huàn 换　　　6. huáng 黄　　guǎn 管

7. jiāng 将　　xiǎng 想　　　8. cóng 从　　lóng 龙

9. zhāng 张　　cháng 常　　10. rěn 忍　　shén 神

（四）试一试：听下面的儿歌并跟读模仿

Can you try?

Listen to the nursery rhymes and read after it

Xiǎo Báitù Guāiguāi
小　白　兔　乖　乖

Xiǎo báitù guāiguāi,
小　白　兔　乖　乖，

Bǎ mén kāi kāi,
把　门　开　开，

Kuàidiǎn kāi kāi,
快　点　开　开，

wǒ yào jìnlái.
我 要 进来。

Bù kāi bù kāi jiù bù kāi,
不开不开就不开,

Māma méi huílai,
妈妈 没 回来,

Shéi jiào yě bù kāi.
谁 叫 也 不 开。

6. 声母 b, p 的发音 Pronunciation of initials "b" and "p"

(一) 发音要领,听录音并跟读

On the pronunciation of b, p, listen to the recording and read

b 双唇对气流形成阻塞,不送气,清音。发音与英语中的"book"的"b"相近。

p 双唇对气流形成阻塞,送气,清音。发音与英语中的"pool"的"p"相近。

The articulation of b and p are made by the coordination of upper and lower lips. p is an aspirated sound, pronounced with a strong release of breath, while b is an unaspirated sound. The pronunciation of b is similar to the "b" in "book", while the pronunciation of p is similar to the "p" in "pool".

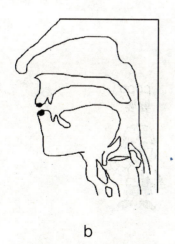
b

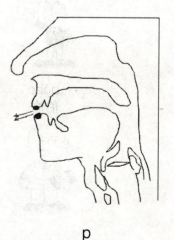
p

汉语语音100点

(二) 看图片、听录音并跟读，注意词义的不同

Look at the following pictures, listen to the recording and read. Pay attention to the different meanings of each syllable

bā 八

pā 趴

bà 爸

pà 怕

bàng 棒

pàng 胖

bóbo 伯伯

pópo 婆婆

(三) 听录音并跟读,注意 b, p 发音的区别

Listen to the recording and read. Pay attention to the differences between b and p

pángbiān	pǔbiàn	píngbǐ	báipǎo
旁边	普遍	评比	白跑
bǎobèi	biānpào	bābǎi	běibian
宝贝	鞭炮	八百	北边
bàba	bóbo	pópo	píbāo
爸爸	伯伯	婆婆	皮包
bù bǎo	biépǎo	bǔpiào	pùbù
不饱	别跑	补票	瀑布

(四) 听录音,选择你听到的音节并跟读

Listen to the recording, choose the syllable you hear and read

  pāi bái páng péng běn pēn pǔ bù pán bān
1. 拍 白 2. 旁 朋 3. 本 喷 4. 普 不 5. 盘 班

  bīng píng bàng pàng bīn pín bǎo pào běi pèi
6. 兵 瓶 7. 棒 胖 8. 宾 贫 9. 饱 泡 10. 北 配

  pōu bào bēng pèng bài pài péi bèi biǎo piào
11. 剖 报 12. 崩 碰 13. 拜 派 14. 陪 贝 15. 表 票

(五) 听录音,写出你听到的声母并跟读

Listen to the recording, write down the initials you hear and read

  _áiqiú _áiqiú mián_ù miàn_ù
1. 排 球 白 球 2. 棉 布 面 铺

  bǎo_iāo _ājiāo _ēn_ǎo _ǔyào
3. 保 镖 芭 蕉 4. 奔 跑 补 药

  _íngguǒ _ìngrén _ī_ò _iànpàng
5. 苹 果 病 人 6. 逼 迫 变 胖

  _ǎngjià féi_àng _àngōng _ànwàng
7. 绑 架 肥 胖 8. 办 公 盼 望

  _iāozhǔn mén_iào _ùxiǔ _éngyou
9. 标 准 门 票 10. 不 朽 朋 友

汉语语音100点

(六) 试一试：听下面的绕口令并记忆模仿

Can you try? Listen to the tougue-twister and read

Chī pútao bù tǔ pútao pí, bù chī pútao dào tǔ pútao pí.
吃 葡萄 不吐 葡萄 皮，不 吃 葡萄 倒 吐 葡萄 皮。

7. 声母 m, f 的发音 Pronunciation of initials "m" and "f"

（一）发音要领，听录音并跟读

On the pronunciation of m, f, **listen to the recording and read**

m 双唇对气流形成阻塞，气流从鼻腔流出，同时声带振动。发音与英语中的"man"的"m"相近。

f 上齿和下唇轻微摩擦，气流从唇齿间流出，送气，清音。发音与英语中的"beef"的"f"相近。

The articulation of m is made by the coordination of upper and lower lips. m is a nasal sound. The vocal cords should vibrate while pronouncing m. The articulations of f is made by the coordination of upper teeth and lower lips.

The pronounciation of m is similar to the "m" in "man", while the pronunciation of f is similar to the "f" in "beef".

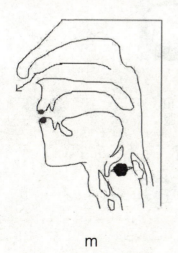

m

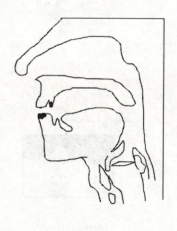

f

汉语语音100点

(二) 看图片、听录音并跟读，注意词义的不同

Look at the following pictures, listen to the recording and read. Pay attention to the different meanings of each syllable

mǎ
马

fā
发

mén
门

fěn
粉

māma
妈妈

mǐfàn
米饭

fūfù
夫妇

yī fu
衣服

Mápó dòufu
麻婆豆腐

声 母

(三) 听录音并跟读,注意声母发音的区别

Listen to the recording and read. Pay attention to the differences between m and f

dǎban	dǎfàn	míngpiàn	máfan
打扮	打饭	名片	麻烦
fēngfù	fénmù	pífū	féipàng
丰富	坟墓	皮肤	肥胖
běifāng	míngpái	dàfó	fāngfǎ
北方	名牌	大佛	方法

(四) 听录音,选择你听到的音节并跟读

Listen to the recording, choose and read the syllable you hear

1. fēi méi 飞 没
2. fàn pàn 饭 盼
3. běn fěn 本 粉
4. màn fán 慢 烦
5. mǎ fǎ 马 法
6. miào fàng 妙 放
7. máng fáng 忙 房
8. fǒu móu 否 谋
9. mào fǎn 帽 反
10. měi fěi 美 匪
11. bèng féng 蹦 缝
12. fēi péi 飞 陪
13. méng féng 萌 缝
14. mǐn fèn 敏 份
15. miāo biāo 喵 标

(五) 听录音,写出你听到的声母并跟读

Listen to the recording, write down and read the initials you hear

1. chī _àn 吃 饭   hěn _àn 很 慢   2. _iàn _ó 面 膜   _iǎn _èi 免 费
3. _ēng _ǎn 丰 满   bō _àng 播 放   4. _ēn _ēn 纷 纷   _èi _ei 妹 妹
5. _èi _èn 备 份   běi _āng 北 方   6. zuò _èng 做 梦   dà _ēng 大 风
7. yǒu _íng 有 名   yào _ìng 要 命   8. chú _áng 厨 房   _ǔdǎo 辅 导
9. _ù biāo 目 标   _ā Míng 发 明   10. _ì _ì 秘 密   _ēngbì 封 闭

汉语语音100点

（六）试一试：听下面的绕口令并记忆模仿

Can you try? Listen to the tougue-twister and read

Māma qí mǎ, mǎ màn, māma mà mǎ.
妈妈骑马，马 慢，妈妈骂马。

8. 声母 d, t 的发音 Pronunciation of initials "d" and "t"

(一) 发音要领,听录音并跟读

On the pronunciation of d, t, listen to the recording and read

　　d, t 两个声母的发音位置是相同的,都是舌尖的中部接触上齿龈而发出的,二者的区别是发 d 时没有明显的气流呼出,而发 t 时有明显的气流呼出。d 的发音跟英语"bed"中"d"的发音相近,而 t 跟英语"cat"中的"t"发音相近。

　　The articulation of d and t are made by the coordination of the tongue tip and the upper gum. d is unaspirated while t is aspirated. A strong release of breath is made when t is pronounced.

　　The pronuciation of d is similar to the "d" in "bed", and the pronunciation of t is similar to the "t" in "cat".

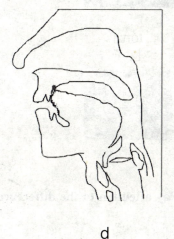
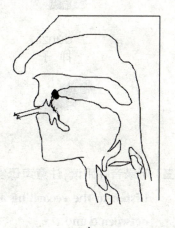

　　　　d　　　　　　　　　　　　t

汉语语音100点

(二) 看图片、听录音并跟读，注意词义的不同

Look at the following pictures, listen to the recording and read. Pay attention to the different meanings of each syllable

dōng 东   tòng 痛

dùzi 肚子   tùzi 兔子

dǎnzi 掸子   tǎnzi 毯子

(三) 听录音并跟读，注意声母发音的区别

Listen to the recording and read. Pay attention to the differences between d and t

téngtòng 疼痛	dǎtōng 打通	děngdeng 等等	tóuténg 头疼
dì tú 地图	dìtiě 地铁	tèdiǎn 特点	tǔdòu 土豆
dāngtiān 当天	dōngtiān 冬天	diàntī 电梯	dàtuǐ 大腿
tōngdào 通道	tú dì 徒弟	tíngdiàn 停电	tiāotī 挑剔

（四）听录音，选择你听到的音节并跟读

Listen to the recording, choose and read the syllable you hear

1. dōng 东 / tōng 通   2. dǒng 懂 / tǒng 桶
3. dūn 吨 / tún 臀   4. dà 大 / tǎ 塔
5. děi 得 / tuǐ 腿   6. diū 丢 / tuì 退
7. duàn 段 / tuán 团   8. dēng 灯 / tāng 汤

（五）听录音，写出你听到的声母并跟读

Listen to the recording, write down and read the initials you hear

1. _ōngnán 东南 / _óngnián 童年   2. _òngkǔ 痛苦 / _án _ú 单独
3. _è _iǎn 特点 / _á _ào 达到   4. mù _ì 目的 / míng _iān 明天
5. _ànshì 但是 / _óngshì 同事   6. _óngyì 同意 / _ǐ yù 体育
7. _óu _éng 头疼 / _ì i 弟弟   8. _iànyǐng 电影 / _óuyǐng 投影

（六）试一试：听下面的绕口令并记忆模仿

Can you try? Listen to the tougue-twister and read

Dà Tùzi hé Dà Dùzi
大兔子和大肚子

Dà tùzi, dà dùzi,
大兔子，大肚子，

Dà dùzi de dà tùzi,
大肚子的大兔子，

Yào yǎo dà tùzi de dà dùzi.
要咬大兔子的大肚子。

9. 声母 n, l 的发音 Pronunciation of initials "n" and "l"

（一）发音要领，听录音并跟读

On the pronunciation of n, l, listen to the recording and read

n, l 两个声母的发音位置和 d, t 相同。但是 n 是一个鼻音声母，发音时气流要从鼻腔流出，跟英语"nice"中的"n"发音类似；而发 l 时，气流从舌前部的两边流出，跟英语"long"中的"l"发音相似。

The articulation of n and l are made by the coordination of the tongue tip and the upper gum. n is a nasal sound. The vocal cords should vibrate while n is pronounced. When l is articulated, the airstream should be sent out from the two sides of the tougue and the vocal cords should vibrate.

The pronunciation of n is similar to the "n" in "nice", while the pronunciation of l is similar to the "l" in "long".

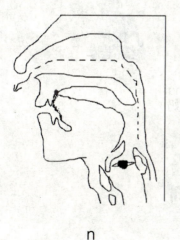

n

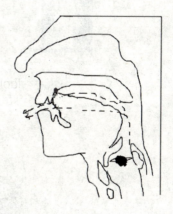

l

汉语语音100点

(二) 看图片、听录音并跟读,注意词义的不同

Look at the following pictures, listen to the recording and read. Pay attention to the different meanings of each syllable

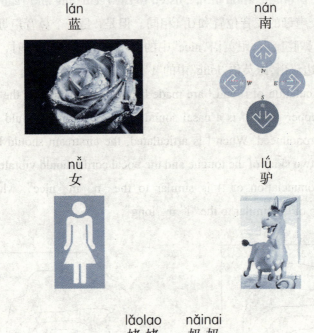

lán 蓝　　　nán 南

nǚ 女　　　lǘ 驴

lǎolao　nǎinai
姥姥　　奶奶

(三) 听录音并跟读,注意声母发音的区别

Listen to the recording and read. Pay attention to the differences between n and l

niúnǎi　　liúlèi　　lǎolao　　nǎinai
牛奶　　　流泪　　姥姥　　　奶奶

lǚyóu　　nǎiniú　　nánnǚ　　lǎonián
旅游　　　奶牛　　　男女　　　老年

niánlíng	nǎli	Lǎo Lǐ	lǎonóng
年 龄	哪 里	老 李	老 农

（四）听录音，选择你听到的音节并跟读

Listen to the recording, choose and read the syllable you hear

1. nóng 农　　lóng 龙　　　2. náng 馕　　láng 狼
3. nuǎn 暖　　luǎn 卵　　　4. lǎn 懒　　nán 难
5. luó 罗　　nuò 诺　　　6. léng 棱　　néng 能
7. là 辣　　ná 拿　　　8. lái 来　　nǎi 奶

（五）听录音，写出你听到的声母并跟读

Listen to the recording, write down and read the initials you hear

1. wú _ài 无奈　　wú _ài 无赖　　2. měi _ǔ 美女　　měi _ì 美丽
3. _ǎi _ai 奶奶　　tài _ěng 太冷　　4. _iú _àng 流浪　　_iú _iàn 留念
5. _iào _ǐ 料理　　_ián _íng 年龄　　6. _óng _ì 农历　　_óng _ǔ 龙女
7. _iánxì 联系　　_iánqīng 年轻　　8. _àngfèi 浪费　　_uówēi 挪威

（六）试一试：听下面的绕口令并记忆模仿

Can you try? Listen to the tougue-twister and read

Sì liàng Sì Lún Dà Mǎchē
四 辆 四 轮 大 马 车

Ménkǒu yǒu sì liàng sì lún dà mǎchē,
门 口 有 四 辆 四 轮 大 马 车，

Nǐ ài lā nǎ liǎng liàng lái lā nǎ liǎng liàng.
你 爱 拉 哪 两 辆 来 拉 哪 两 辆。

10. 声母g, k, h的发音 Pronunciation of initials "g", "k" and "h"

(一) 发音要领,听录音并跟读

On the pronunciation of g, k, h, **listen to the recording and read**

g, k, h是汉语声母中发音位置最靠后的一组,发音部位是舌根。发g时没有明显的气流,而k则有强烈的气流流出。g与英语"good"中的"g"相近,k与英语"look"中的"k"相近,而h的发音类似于"him"中的"h"。

The location for articulation of g, k, h is the hindmost. They are articulated by the coordination of the back part of the tougue and the soft palate. g is unaspirated while k is aspirated. A strong release of breath is made when k is articulated.

The pronunciation of g is similar to the "g" in "good", while the pronunciation of k is similar to the "k" in "look". The pronunciation of h is similar to the "h" in "him".

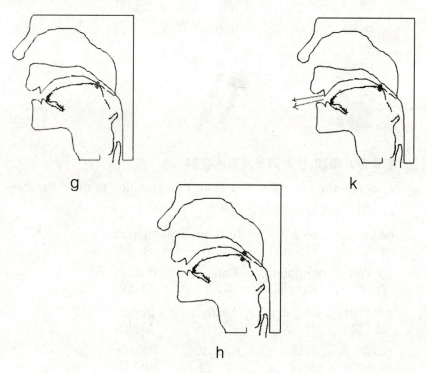

(二) 看图片、听录音并跟读，注意词义的不同

Look at the following pictures, listen to the recording and read. Pay attention to the different meanings of each syllable

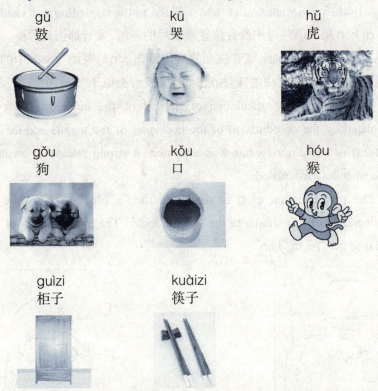

| gǔ | kū | hǔ |
| 鼓 | 哭 | 虎 |

| gǒu | kǒu | hóu |
| 狗 | 口 | 猴 |

| guìzi | kuàizi |
| 柜子 | 筷子 |

(三) 听录音并跟读，注意声母发音的区别

Listen to the recording and read. Pay attention to the differences between g, k and h

gēge	kělè	hǎokàn	huǒguō
哥哥	可乐	好看	火锅
kànkan	gānggāng	kèhù	huìhuà
看看	刚刚	客户	会话
gǎnkuài	kāiguān	kěkǒu	gūgu
赶快	开关	可口	姑姑
gùkè	kèkǔ	xiǎogǒu	xiǎokǒu
顾客	刻苦	小狗	小口

声 母

（四）听录音,选择你听到的音节并跟读

Listen to the recording, choose and read the syllable you hear

1. gē 哥 / kē 科
2. guài 怪 / kuài 快
3. guāng 光 / kuāng 匡
4. guì 贵 / kuì 愧
5. guǐ 鬼 / huī 灰
6. huáng 黄 / kuáng 狂
7. guǎn 管 / kuǎn 款
8. huā 花 / kuā 夸

（五）听录音,写出你听到的声母并跟读

Listen to the recording, write down and read the initials you hear

1. _èrén 个人 / _èrén 客人
2. _uàilè 快乐 / _uài le 坏了
3. Měi_uó 美国 / _án_uó 韩国
4. tài_uì 太贵 / bú_uì 不会
5. bù_ěi 不给 / bù_ǎn 不敢
6. _ǎibiān 海边 / _ǎitiān 改天
7. _òu_ǔ 后悔 / Hòu_ǎi 后海
8. _òubian 后边 / _ǎibiàn 改变

（六）试一试:听下面的绕口令并记忆模仿

Can you try? Listen to the tougue-twister and read

Gē Kuà Guā Kuāng Guò Kuān Gōu
哥挎瓜筐过宽沟

Gē kuà guā kuāng guò kuān gōu,
哥 挎 瓜 筐 过 宽 沟，

Gǎnkuài guò gōu kàn guài gǒu.
赶 快 过 沟 看 怪 狗。

Guāng kàn guài gǒu guā kuāng kòu,
光 看 怪 狗 瓜 筐 扣，

Guā gǔn kuāng kōng gē guài gǒu.
瓜 滚 筐 空 哥 怪 狗。

11. 声母 j, q, x 的发音 Pronunciation of initials "j", "q" and "x"

（一）发音要领，听录音并跟读

On the pronunciation of j, q, x, listen to the recording and read

j, q, x 是一组舌面音，舌面与硬腭配合而发音。j, q 发音时舌面要与硬腭接触，j 没有强烈的气流，而 q 有强烈的气流呼出。发 x 时，舌面接近硬腭，但不要接触，始终保持一条缝隙。

j, q, x are pronounced by the coordination of the front of the tougue and the hard palate. j is unaspirated while q is aspirated. A strong release of breath is made when q is articulated. When x is articulated, the front of the tougue should not touch the hard palate. There keeps a narrow passage between them.

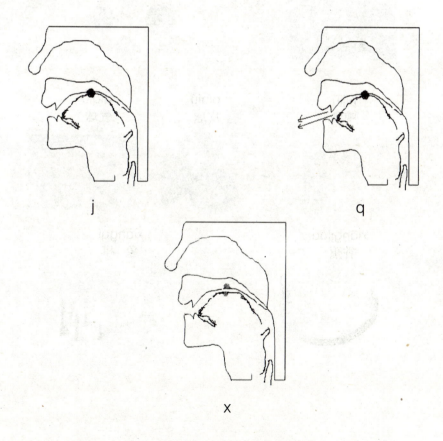

汉语语音100点

（二）看图片、听录音并跟读，注意词义的不同

Look at the following pictures, listen to the recording and read. Pay attention to the different meanings of each syllable

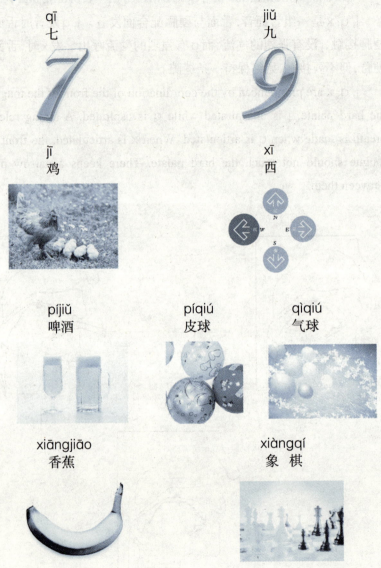

qī
七

jiǔ
九

jī
鸡

xī
西

píjiǔ
啤酒

píqiú
皮球

qìqiú
气球

xiāngjiāo
香蕉

xiàngqí
象棋

声 母

（三）听录音并跟读，注意声母发音的区别

Listen to the recording and read. Pay attention to the differences between j, q and x

| xiūxi | jījí | jīqì | xiǎoqū |
| 休息 | 积极 | 机器 | 小区 |

| xīngqī | xīngjí | xìngqù | jìxù |
| 星期 | 星级 | 兴趣 | 继续 |

| xièxie | xuéxí | jìnqu | xiàngjī |
| 谢谢 | 学习 | 进去 | 相机 |

| xiāngjiāo | xiǎojiě | jiějie | qíngxù |
| 香蕉 | 小姐 | 姐姐 | 情绪 |

（四）听录音，选择你听到的音节并跟读

Listen to the recording, choose and read the syllable you hear

1. jiù / xiū 就 修
2. juān / quán 娟 全
3. jiā / xiā 家 虾
4. xìn / qīn 信 亲
5. xíng / qíng 行 情
6. jiàn / xiān 见 先
7. jiāng / xiāng 将 香
8. qiú / jiǔ 球 酒

（五）听录音，写出你听到的声母并跟读

Listen to the recording, write down and read the initials you hear

1. _ìn _īn 信 心   _īn _ín 辛 勤
2. _īng _ī 星 期   _ù _í 续 集
3. _ì _ǐ 自 己   qíng _ù 情 绪
4. xìng _ù 兴 趣   _īng xī 清 晰
5. _iā _ù 家 具   jià _ī 假 期
6. _iǎo _ī 小 鸡   _iāo _i 消 息
7. _ǎo yú 小 鱼   _iāo _ū 郊 区
8. yǔ _ù 雨 具   _uē xí 缺 席

37

(六) 听一听，唱一唱

Listen and sing

Zhǎo Péngyou
找　朋　友

Yī èr sān sì wǔ liù qī,
一 二 三 四 五 六 七，

Qī liù wǔ sì sān èr yī,
七 六 五 四 三 二 一，

Wǒ de péngyou zài nǎlǐ?
我 的　朋　友 在 哪里？

Zài tiānyá,
在 天 涯，

Zài hǎijiǎo,
在 海 角，

Wǒ de péngyou zài zhèlǐ.
我 的　朋　友 在 这里。

12. 声母 z, c, s 的发音 Pronunciation of initials "z", "c" and "s"
（一）发音要领,听录音并跟读

On the pronunciation of z, c, s, listen to the recording and read

　　z, c, s 这组声母的发音部位是舌尖前。发 z, c 时,舌尖前部与上齿背接触,然后马上打开形成缝隙,z 没有强烈的气流通过,而 c 则有明显的气流通过。发 s 时,舌尖前与上齿背始终不接触,保留缝隙使气流流出。

　　The articulation of z, c and s requires the coordination of the tougue tip and the inner side of the upper incisors. z is unaspirated while c is aspirated. A strong release of breath is made when c is articulated. When s is articulated, the tougue tip should not touch the inner side of the upper incisors. There always keeps a narrow passage between them.

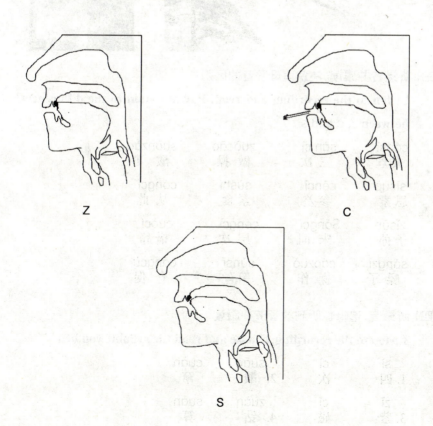

z

c

s

汉语语音100点

（二）看图片、听录音并跟读，注意词义的不同

Look at the following pictures, listen to the recording and read. Pay attention to the different meanings of each syllable

1. zì 字　　cí 词　　sì 四

2. cōng 葱　　sōng 松　　zōng 棕

（三）听录音并跟读，注意声母发音的区别

Listen to the recording and read. Pay attention to the differences between z, c and s

cánsī 蚕丝	sān cì 三次	zuòcāo 做操	suānzǎo 酸枣
sīsuǒ 思索	cēncī 参差	sùshí 素食	cóngcǐ 从此
zǐsūn 子孙	Sòngcí 宋词	céngcì 层次	cuòcí 措辞
sǎngzi 嗓子	cāozuò 操作	sǔnsī 笋丝	cāngcù 仓促

（四）听录音，选择你听到的音节并跟读

Listen to the recording, choose and read the syllable you hear

1. sì 四　　cì 次　　2. suān 酸　　cuàn 窜

3. zǐ 紫　　cí 磁　　4. zuàn 钻　　suàn 算

声 母

	sòng	cóng		suì	cuī
5.	送	从	6.	岁	催

	zǎ	sǎ		céng	zèng
7.	咋	撒	8.	层	赠

(五) 听录音,写出你听到的声母并跟读

Listen to the recording, write down and read the initials you hear

	zì _ī	zì _í		xǐ _ǎo	xǐ _iǎo
1.	自 私	字 词	2.	洗 澡	洗 脚

	_ǎo cāo	dǎ _ǎo		sān _ì	sān _ì
3.	早 操	打 扫	4.	三 四	三 次

	_è shì	_ōng shù		_ǔ zhī	zì _óng
5.	测 试	松 树	6.	组 织	自 从

	_āi _è	_ǎng _i		_ī _uǒ	_uò _ì
7.	猜 测	嗓 子	8.	思 索	座 次

(六) 试一试:听下面的绕口令并记忆模仿

Can you try? Listen to the tougue-twister and read

Cōng hé Sōng
葱 和 松

Dōng yuàn xiǎng zāi cōng,
东 院 想 栽 葱,

Xī yuàn xiǎng zāi sōng.
西 院 想 栽 松。

Shì dōng yuàn zāi cōng,
是 东 院 栽 葱,

Hái shì xī yuàn zāi sōng.
还 是 西 院 栽 松。

汉语语音100点

13. 声母 zh, ch, sh, r 的发音
Pronunciation of initials "zh", "ch", "sh" and "r"

（一）发音要领，听录音并跟读

On the pronunciation of zh, ch, sh, r, **listen to the recording and read**

zh, ch, sh, r 是一组翘舌音，是由翘起的舌尖和硬腭前部配合而发音的。发 zh, ch 时，舌尖要先和硬腭接触，然后打开一条缝隙让气流通过；zh 是不送气音，而 ch 是送气音，呼出的气流很强。发 sh 时，舌尖不要与硬腭接触，要始终保持一条缝隙。与 sh 不同，在发 r 时声带要振动。

zh, ch, sh, r are articulated by the coordination of the raised tougue tip and the front part of hard palate. zh is unaspirated while ch is aspirated. A strong release of breath is made when ch is articulated. When sh is articulated, the tougue tip should not touch the hard palate, and there always keeps a narrow passage between them. The difference between r and sh is that the vocal cords should vibrate while pronouncing r.

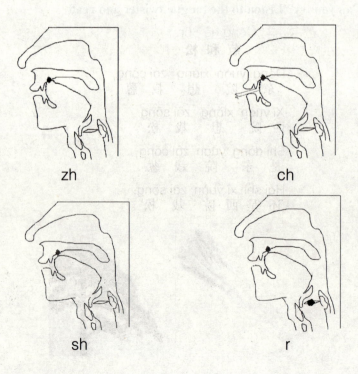

zh　　　　　　　　ch

sh　　　　　　　　r

（二）看图片、听录音并跟读，注意词义的不同

Look at the following pictures, listen to the recording and read. Pay attention to the different meanings of each syllable

zhǐ　　　　　chǐ　　　　　shī　　　　　rì
纸　　　　　尺　　　　　狮　　　　　日

（三）听录音并跟读，注意声母发音的区别

Listen to the recording and read. Pay attention to the differences between zh, ch, sh **and** r

zhīshi	chúshī	shēngrì	shàng chē
知识	厨师	生日	上车
rènshi	chángshí	shìshí	chāorén
认识	常识	事实	超人
ránshāo	rènao	chūchāi	chéngzhǎng
燃烧	热闹	出差	成长
shǒushù	shāngchǎng	chāoshì	chōngzhí
手术	商场	超市	充值

（四）听录音，选择你听到的音节并跟读

Listen to the recording, choose and read the syllable you hear

	lǎo	rǎo		shòu	chòu
1.	老	扰	2.	瘦	臭
	suān	shuān		chuán	quán
3.	酸	栓	4.	船	全
	zǒng	zhōng		sāng	shàng
5.	总	中	6.	桑	上
	rè	lè		zhǎng	zǎn
7.	热	乐	8.	涨	攒

汉语语音100点

(五) 听录音,写出你听到的声母并跟读

Listen to the recording, write down and read the initials you hear

1. _áng _áng   cāo _ǎng   2. _ì qī   _āo jī
   常   常   操   场   日 期   烧 鸡

3. shǎo _ù   sōu _á   4. _àn zhēng   _ǎn _ēng
   少 数   搜 查   战 争   产 生

5. _ōu shi   _ōu ti   6. nuǎn _uo   _óu hé
   收 拾   抽 屉   暖 和   柔 和

7. xuān _uán shāng _uán   8. jī _ǎng   xīn _ǎng
   宣 传   商 船   机 场   欣 赏

(六) 试一试:听下面的绕口令并记忆模仿

Can you try? Listen to the tougue-twister and read

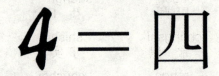

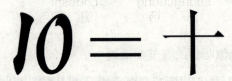

Sì hé Shí
四和十

Sì shì sì, shí shì shí,
四 是 四, 十 是 十,

Yào xiǎng shuō duì sì,
要 想 说 对 四,

Shétou pèng yáchǐ;
舌 头 碰 牙 齿;

声 母

Yào xiǎng shuō duì shí,
要 想 说 对 十,
Shétou bié shēnzhí.
舌 头 别 伸 直。
Yào xiǎng shuō duì sì hé shí,
要 想 说 对 四 和 十,
Duō duō liànxí shí hé sì.
多 多 练 习 十 和 四。

14. 汉语送气音和非送气音的归纳总结
Aspirated initials and unaspirated initials

(一) 知识介绍，听录音并跟读

Instruction on aspirated initials and unaspirated initials, listen to the recording and read

汉语声母的发音有送气和不送气的区别，b-p, d-t, j-q, z-c, zh-ch，以上各组声母中前一个是不送气音，后一个是送气音。

Unaspirated initials: b d j z zh.

Aspirated initials: p t q c ch.

(二) 听录音并跟读，注意声母发音的区别

Listen to the recording and read. Pay attention to the differences of the initials

| bǎ | pá | bàng | pàng | dōng | tòng | děng | téng |
| 把 | 爬 | 棒 | 胖 | 东 | 痛 | 等 | 疼 |

| jī | qì | jiāng | qiáng | zuǐ | cuī | zōng | cóng |
| 机 | 气 | 将 | 强 | 嘴 | 崔 | 棕 | 从 |

| zhuàng | chuáng | | | zhàn | chǎn | | |
| 撞 | 床 | | | 站 | 产 | | |

(四) 听录音，选择你听到的音节并跟读

Listen to the recording, choose and read the syllable you hear

1. bèi 被 / péi 陪　2. bèng 蹦 / pèng 碰　3. jiǔ 久 / qiū 秋　4. qiāng 枪 / jiāng 姜
5. zài 在 / cái 才　6. zāng 脏 / cáng 藏　7. zhè 这 / chē 车　8. dǔ 堵 / tù 兔

（五）听录音,写出你听到的声母并跟读

Listen to the recording, write down and read the initials you hear

1. _āngmáng __ěngchǎng
   帮　忙　捧　场

2. _ěng_ài _ài_ai
   等　待　太　太

3. jī_í jī_ì
   积极 机器

4. _ìdiǎn _ídiǎn
   字典 词典

5. jì_ù qù_ú
   技术 去除

6. _ǐyào _ī yào
   只要 吃 药

（六）试一试:听下面的绕口令并记忆模仿

Can you try? Listen to the tongue-twister and read

Wáng Lǎowǔ Dǎ Cù Zhuī Tù
王 老 五 打 醋 追 兔

Cūn li yǒu ge Wáng Lǎowǔ,
村 里 有 个 王 老 五,

Wáng Lǎowǔ qù dǎ cù,
王 老 五 去 打 醋,

Lù shàng kàndào ge tù,
路 上 看 到 个 兔,

Fàngxià cù qù zhuī tù,
放 下 醋 去 追 兔,

Pǎo le tù, diū le cù,
跑 了 兔, 丢 了 醋,

Jí de Wáng Lǎowǔ shī le kù.
急 得 王 老 五 湿 了 裤.

15. 声母 z 和 zh 的辨音 Articulation of z and zh

（一）发音要领，听录音并跟读

On the pronunciation of z, zh, listen to the recording and read

发 z 时舌尖要伸平，抵住上齿背；而发 zh 时，舌尖翘起，方向指向硬腭。

z is dental, pronounced by placing the tougue tip at the fore position. While zh is blade-palatals, pronounced by raising the touguc tip to the front part of the hard palate.

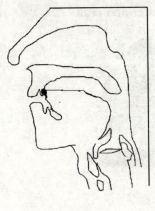

z

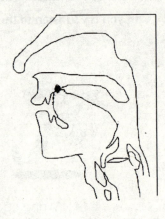

zh

（二）听录音并跟读，注意声母发音的区别

Listen to the recording and read. Pay attention to the differences of the initials

zìjǐ		zhījǐ	zìxí		zhìxù
自己	——	知己	自习	——	秩序
zhǎnzhuǎn		zǔzhī	zhànshì		zànshí
辗 转	——	组织	战 士	——	暂 时
zuǐjiǎo		zhuījiǎo	zūnjìng		zhuān jiǎn
嘴 角	——	追 缴	尊 敬	——	专 拣
zuānyán		zhuānyuán	zhījiān		zàijiàn
钻 研	——	专 员	之 间	——	再 见

声 母

（三）听录音，选择你听到的音节并跟读

Listen to the recording, choose and read the syllable you hear

1. zā / zhá
   扎　炸

2. zhuàn / zuàn
   赚　钻

3. zāng / zhǎng
   脏　涨

4. zhōng / zǒng
   中　总

5. zhèng / zèng
   正　赠

6. zǒu / zhōu
   走　周

7. zǎo / zhāo
   早　招

8. zhuāng / zūn
   装　尊

（四）听录音，写出你听到的声母并跟读

Listen to the recording, write down and read the initials you hear

1. _àopiàn　_ǎopén
   照片　澡盆

2. _àopìn　_àoxíng
   招聘　造型

3. xǐ_ǎo　xún_ǎo
   洗澡　寻找

4. _uòyè　_uóyuè
   作业　卓越

5. _òng shì　_èngcháng
   重视　正常

6. biān_ào　hù_ào
   编造　护照

7. _uānyuán　_ī yuán
   专员　资源

8. Xī_àng　jiǎ_uāng
   西藏　假装

（五）学成语。听录音并跟读，注意 zh 的发音

Learning idioms. Listen to the recording and read. Pay attention to the pronunciation of zh

知己知彼，百战不殆。
zhī jǐ zhī bǐ, bǎi zhàn bù dài

出自《孙子·谋攻》，原意是如果对敌我双方的情况都能了解透彻，打起仗来就可以立于不败之地。泛指对双方情况都很了解，就能取得成功。

汉语语音100点

From *Sun Zi, Offensive Strategy*. The original meaning is that if we can thoroughly understand and analyze the enemy's condition and ours, we can set ourselves in an invincible position while fighting. Now it is used in a general sense—to know your enemy and know yourself, and you can fight a hundred battles with no danger of defeat.

16. 声母z和j的辨音 Articulation of z and j

（一）发音要领，听录音并跟读

On the pronunciation of z, j, listen to the recording and read

z和j的发音最大的区别是发音部位的不同：z是舌尖音，而j是舌面音。发z时舌尖要伸平，抵住上齿背；而发j时，舌尖要放松，舌面拱起，和硬腭接触。

The position for articulating z is the tougue tip, placing the tougue tip at the fore position. While the position for articulating j is the front of the tougue. When j is articulated, the front of the tougue should be lifted toward and touch the hard palate.

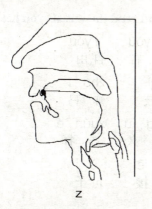
z

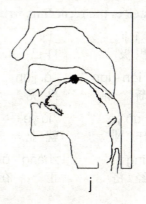
j

（二）听录音并跟读，注意声母发音的区别

Listen to the recording and read. Pay attention to the differences of the initials

zìjǐ	jījí	zǐnǚ	jìxù
自己 ——	积极	子女 ——	继续
zìrán	jìngrán	bù zǒu	bùjiǔ
自然 ——	竟然	不走 ——	不久
zhuājǐn	zhuāngzài	jǐnliàng	zìniàng
抓紧 ——	装载	尽量 ——	自酿
zǔzhī	jīngjì	zūnshǒu	jūnshì
组织 ——	经济	遵守 ——	军事

汉语语音100点

(三) 听录音,选择你听到的音节并跟读

Listen to the recording, choose and read the syllable you hear

	zán	jiān		jiǎng	zuàn
1.	咱	间	2.	讲	钻

	zūn	jūn		zǒng	jiǒng
3.	尊	均	4.	总	炯

	jiù	zuì		zéi	zhái
5.	就	最	6.	贼	宅

	zǎi	jiǎn		juān	zhuàn
7.	宰	减	8.	娟	赚

(四) 听录音,写出你听到的声母并跟读

Listen to the recording, write down and read the initials you hear

	_ī jí	_ì jǐ		_uǒ yòu	_ì yóu
1.	积 极	自 己	2.	左 右	自 由

	_iàn _iàn	_ài jiàn		_á jì	zhá _ī
3.	渐 渐	再 见	4.	杂 技	炸 鸡

	_uò yè	_iù yè		yǒng _iǔ	xuǎn _é
5.	作 业	就 业	6.	永 久	选 择

	jīng _ì	zhèng _ài		zhí _iē	_ù _i
7.	经 济	正 在	8.	直 接	句 子

(五) 学成语。听录音并跟读,注意z和j的发音

Learning idioms. Listen to the recording and read. Pay attention to the pronunciation of z and j

孜孜不倦
zī zī bù juàn

出自西晋陈寿《三国志》，指工作或学习勤奋，不知疲倦。

From *The Records of Three Kingdoms*, by Chen Shou in Western Jin Dynasty. It means someone works or studies diligently, with incessant vigor.

17. 声母 c 和 ch 的辨音 Articulation of c and ch

（一）发音要领，听录音并跟读

On the pronunciation of c, ch, listen to the recording and read

发 c 时舌尖要伸平，抵住上齿背；而发 ch 时，舌尖翘起，方向指向硬腭；c 和 ch 在发音时都有较强的气流流出。c 的实际发音为 [ts'],和英语中"cats"的"ts"发音相近，而 ch 的实际发音为 [tʂ'],和英语的"church"的"ch"发音相近。

c is dental, pronounced by placing the tougue tip at the fore position. While ch is blade-palatals, pronounced by raising the tougue tip to the front part of the hard palate. Both c and ch are aspirated sound.

The pronunciation of c is [ts'], which is similar to the "ts" in "cats"; while the pronunciation of ch is [tʂ'], which is similar to the "ch" in "church".

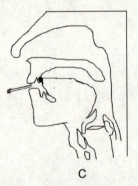

c

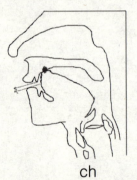

ch

（二）听录音并跟读，注意声母发音的区别

Listen to the recording and read. Pay attention to the differences of the initials

cónglái	chóng lái	chūchāi	chū cuò
从 来	重 来	出 差	出 错
cǎopíng	chāopiào	cōngmíng	chóngmíng
草 坪	钞 票	聪 明	重 名
cāochǎng	chángcháng	Chángchéng	céngcì
操 场	常 常	长 城	层 次
chuánqí	cún qián	cuòshī	chuōshāng
传 奇	存 钱	措 施	戳 伤

声 母

(三) 听录音，选择你听到的音节并跟读

Listen to the recording, choose and read the syllable you hear

	cā	chá		cáng	chàng
1.	擦	茶	2.	藏	唱

	chún	cūn		chuáng	cāng
3.	纯	村	4.	床	仓

	chāo	cǎo		cuò	chǒng
5.	超	草	6.	错	宠

	cén	chéng		chǎng	cóng
7.	岑	成	8.	场	从

(四) 听录音，写出你听到的声母并跟读

Listen to the recording, write down and read the initials you hear

	_āngliáng	_éngliáng		_āo_ǎng	jù_ǎng
1.	苍 凉	乘 凉	2.	操 场	剧 场

	_ōngfèn	_áifù		_āliǎn	_énglì
3.	充 分	财 富	4.	擦 脸	成 立

	_ùsuǒ	_uòluò		_ōngmáng	_ōngmǎn
5.	处 所	错 落	6.	匆 忙	充 满

	_ōukòng	_āngkù		_ēliàng	_uānghu
7.	抽 空	仓 库	8.	车 辆	窗 户

(五) 学成语。听录音并跟读，注意c和ch的发音

Learning idioms. Listen to the recording and read. Pay attention to the pronunciation of c and ch

尺 有 所 短， 寸 有 所 长。

chǐ yǒu suǒ duǎn, cùn yǒu suǒ cháng

出自战国时代楚国人屈原的《卜居》。尺和寸是计量长度的单位，一尺等于十寸。意思是每个人都各有自己的长处、优点，也各有自己的短处、缺点，都可以互相学习。

汉语语音100点

From *Bu Ju* by Qu Yuan, the famous poet of the State of Chu in the Warring States Period. Cun and Chi are units of measurement. One Chi is equal to ten Cun. It means everyone has his strong and weak points and all have to learn from each other.

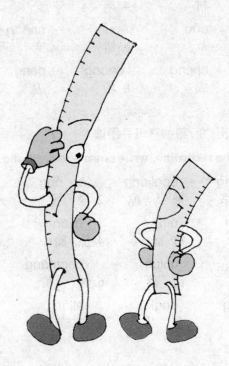

18. 声母c和q的辨音 Articulation of c and q

（一）发音要领，听录音并跟读

On the pronunciation of c, q, listen to the recording and read

c和q的发音最大的区别是发音部位的不同：c是舌尖音，而q是舌面音。发c时舌尖要伸平，抵住上齿背；而发q时，舌尖要放松，舌面拱起，和硬腭接近。

The position for articulating z is the tougue tip, placing the tougue tip at the fore position. While the position for articulating j is the front of the tougue. When j is articulated, the front of the tougue should be lifted toward the hard palate.

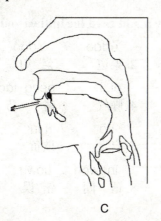
c

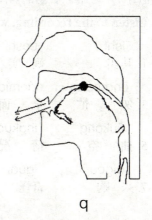
q

（二）听录音并跟读，注意声母发音的区别

Listen to the recording and read. Pay attention to the differences of the initials

| shēngqì | shēngcí | cíqì | qìjù |
| 生 气 —— 生 词 | | 瓷 器 —— 器 具 | |

qīngchu　　cúnchǔ　　　píngióng　　pīncòu
清 楚 —— 存 储　　贫 穷 —— 拼 凑

yuánquān　　yīncǐ　　　chūqu　　chángqī
圆 圈 —— 因 此　　出 去 —— 长 期

láiqù　　cìxù　　　qiángdà　　càidān
来 去 —— 次 序　　强 大 —— 菜 单

汉语语音100点

（三）听录音，选择你听到的音节并跟读

Listen to the recording, choose and read the syllable you hear

	cáng	qiǎng		chǒng	cōng
1.	藏	抢	2.	宠	葱

	qún	cūn		qīn	cén
3.	群	村	4.	亲	岑

	céng	qǐng		cuì	qǔ
5.	层	请	6.	翠	娶

	qiú	chóu		suàn	quàn
7.	球	愁	8.	算	劝

（四）听录音，写出你听到的声母并跟读

Listen to the recording, write down and read the initials you hear

	_íshí	_ueshí		_údào	_àidāo
1.	其实	确实	2.	渠道	菜刀

	_ōngmáng	_uánmiàn		pí_i	pèng_iǎo
3.	匆忙	全面	4.	脾气	碰巧

	_ōukòng	_íngkuàng		_ǐfā	_ī fu
5.	抽空	情况	6.	启发	欺负

	_ǎigòu	_íguài		_ǐngwèn	_uòwù
7.	采购	奇怪	8.	请问	错误

（五）学成语。听录音并跟读，注意q的发音

Learning idioms. Listen to the recording and read. Pay attention to the pronunciation of q

黔驴技穷

qián lǘ jì qióng

出自唐代作家柳宗元的《黔之驴》，意思是有限的一点本领也已经用完了，多含贬义。

From *The Donkey in Guizhou*, by Liu Zongyuan, the writer in Tang Dynasty. On one hand, it can mean at one's wit's end. On the other hand, it refers that all tricks have been exhausted, or indicates a person who has exposed his limited ability.

汉语语音100点

19. 声母s和sh的辨音 Articulation of s and sh

（一）发音要领，听录音并跟读

On the pronunciation of s, sh, listen to the recording and read

发s时舌尖要伸平，抵住上齿背；而发sh时，舌尖翘起，方向指向硬腭。s的发音和英语中"see"的"s"发音相近，而sh的发音则和英语的"cash"的"sh"发音相近。

s is dental, pronounced by placing the tougue tip at the fore position. While sh is blade-palatals, pronounced by raising the tougue tip to the front part of the hard palate.

The pronunciation of s is similar to the "s" in "see", while the pronunciation of sh is similar to the "sh" in "cash".

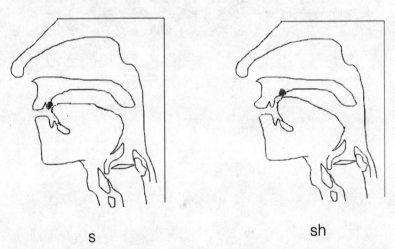

s　　　　　　　　　sh

（二）听录音并跟读，注意声母发音的区别

Listen to the recording and read. Pay attention to the differences of the initials

| shúxī | sùshè | | shíjì | sìjì |
| 熟悉 | —— 宿舍 | | 实际 | —— 四季 |

| suǒyǒu | shǒuyè | | sīsuǒ | shìshí |
| 所有 | —— 首页 | | 思索 | —— 事实 |

声母

sǔnshī　　shòusī　　　　sīkǎo　　shēnkè
损 失 —— 寿 司　　　思 考 —— 深 刻

shāokǎo　　shānhé　　　suànshù　　shùnlù
烧 烤 —— 山 河　　　算 术 —— 顺 路

（三）听录音，选择你听到的音节并跟读

Listen to the recording, choose and read the syllable you hear

　　　suān　　　shuāng　　　　shān　　　sān
1.　酸　　　　双　　　　2.　山　　　　三

　　　shèng　　　sēn　　　　　　sǔn　　　shǔn
3.　剩　　　　森　　　　4.　损　　　　吮

　　　sāng　　　shàng　　　　　shēng　　shén
5.　桑　　　　尚　　　　6.　生　　　　神

　　　sì　　　　shí　　　　　　shù　　　sù
7.　四　　　　十　　　　8.　树　　　　素

（四）听录音，写出你听到的声母并跟读

Listen to the recording, write down and read the initials you hear

　　　_ōng _ù　　　_ōng _ǔ　　　　_ùnlì　　　_òng lǐ
1.　松　树　　　松　鼠　　　2.　顺 利　　　送 礼

　　　_uānlí　　　_ǔnshī　　　　_ǒushù　　　_uǒqǔ
3.　酸 梨　　　损 失　　　　4.　手 术　　　索 取

　　　_ǒubiǎo　　_uìjiào　　　　_uíjī　　　_ēnlín
5.　手 表　　　睡 觉　　　　6.　随 机　　　森 林

　　　_ēnglíng　　_ōushi　　　　_uāidǎo　　_uǎnglǎng
7.　生 灵　　　收 拾　　　　8.　摔 倒　　　爽 朗

（五）学成语。听录音并跟读，注意 sh 的发音

Learning idioms. Listen to the recording and read. Pay attention to the pronunciation of sh

画蛇添足

huà shé tiān zú

出自《战国策》,意为画蛇时给蛇添上脚。比喻做了多余而不恰当的事,有害无益,徒劳无功,反而把事情弄糟了。

From *Intrigues of the Warring States* in Western Han Dynasty. The original meaning is to draw a snake and add feet to it. Now it symbolizes that ruin the effect by adding something superfluous.

20. 声母 s 和 x 的辨音 Articulation of s and x

（一）发音要领，听录音并跟读

On the pronunciation of s, x, listen to the recording and read

s 和 x 的发音最大的区别是发音部位的不同：s 是一个舌尖音，而 x 是一个舌面音。发 s 时舌尖要伸平，抵住上齿背；而发 x 时，舌尖要放松，舌面拱起，和硬腭接近。

The position for articulating s is the tougue tip, placing the tougue tip at the fore position. While the position for articulating x is the front of the tougue. When x is articulated, the front of the tougue should be lifted toward the hard palate.

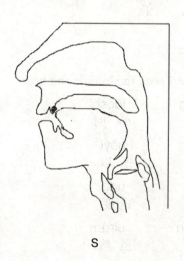
s

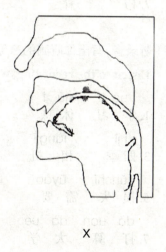
x

（二）听录音并跟读，注意声母发音的区别

Listen to the recording and read. Pay attention to the differences of the initials

chúxī	chúshī	xīwàng	shīwàng
除夕 —— 厨师		希望 —— 失望	
xìnxī	sījī	sàngshī	shāngxīn
信息 —— 司机		丧失 —— 伤心	
xiàngwǎng	sǐwáng	shúxī	késou
向往 —— 死亡		熟悉 —— 咳嗽	

汉语语音100点

xiūlǐ	sīlǜ	jìnxiū	yánsè
修理 —— 思虑		进修 —— 颜色	

(三) 听录音,选择你听到的音节并跟读

Listen to the recording, choose and read the syllable you hear

1. xiǎng / sǎng 想 嗓
2. xióng / sòng 熊 送
3. xíng / sī 行 丝
4. xùn / shùn 训 顺
5. xuǎn / suàn 选 蒜
6. xīn / sū 新 苏
7. xiǔ / sēn 朽 森
8. sòng / xiōng 送 凶

(四) 听录音,写出你听到的声母并跟读

Listen to the recording, write down and read the initials you hear

1. _ué _í 学 习   xiū _i 休 息
2. sī _iǎng 思 想   _iǎoshí 小 时
3. _ì jì 四 季   _iàngjī 相 机
4. _iànjīn 现 金   _uǒyǐ 所 以
5. _ǔnshī 损 失   _ūyào 需 要
6. _iè_ie 谢 谢   _ùdù 速 度
7. dǎ _uan 打 算   dà _ué 大 学
8. duǎn _ìn 短 信   _uīrán 虽 然

(五) 学成语。听录音并跟读,注意 s 和 x 的发音

Learning idioms. Listen to the recording and read. Pay attention to the pronunciation of s and x

入乡随俗

rù xiāng suí sú

出自《庄子》,意思是到一个地方,就顺从当地的风俗习惯。

From *Zhuang Zhou*.

On arrival in a new place, learn about their local customs. Do in Rome as Rome does (or do as the Romans do). Wherever you are, follow the local customs.

21. 声母r和l的辨音 Articulation of r and l

（一）发音要领，听录音并跟读

On the pronunciation of r, l, listen to the recording and read

r和l的发音部位和发音方法都不同。发l时，舌尖要抵住上齿龈，使气流从舌尖两边流出，声带振动。而r则是舌尖翘起，指向硬腭，同时声带振动。

Both the position and the articulation of r and l are different. When l is articulated, the airstream should be sent out from the two sides of the tougue and the vocal cords should vibrate. When r is articulated, the tougue tip should not touch the hard palate, and there always keeps a narrow passage between them, and the vocal cords should vibrate while r is pronounced.

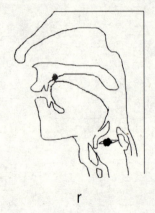
r

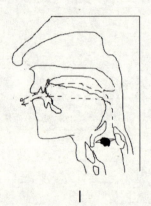
l

（二）听录音并跟读，注意声母发音的区别

Listen to the recording and read. Pay attention to the differences of the initials

| chūrù | chūlù | tiānrán | tiānlán |
| 出入 —— 出路 | | 天然 —— 天蓝 | |

rìlì　　rèliè　　ránhòu　　láihuí
日历 —— 热烈　　然后 —— 来回

réngrán　liúlǎn　　liàn'ài　　rè'ài
仍然 —— 浏览　　恋爱 —— 热爱

líkāi　　　ràngkāi　　　　　rìluò　　　lìrú
离开 —— 让 开　　　　　日落 —— 例如

（三）听录音，选择你听到的音节并跟读

Listen to the recording, choose and read the syllable you hear

1. lǎn　　ruǎn　　2. ràng　　làng
　　懒　　软　　　　让　　　浪

3. ruò　　luó　　　4. róng　　lóng
　　若　　罗　　　　荣　　　龙

5. rùn　　lún　　　6. rè　　　lè
　　润　　轮　　　　热　　　乐

7. luàn　　rán　　8. liáo　　rǎo
　　乱　　然　　　　聊　　　扰

（四）听录音，写出你听到的声母并跟读

Listen to the recording, write down and read the initials you hear

1. _éng _án　　_óng _iàng　　2. _ǎo _én　　_uǎn _uò
　　仍　然　　　容　量　　　　老　人　　　软　弱

3. _iú lǎn　　 lì _iang　　　4. _è _íng　　_uò kuǎn
　　浏 览　　　力　量　　　　热　情　　　落　款

5. _uó jì　　　_òu wán　　　6. _èn xìng　　_iú dòng
　　逻 辑　　　肉　丸　　　　任　性　　　　流　动

7. _iǎng cì　　_ú cǐ　　　　8. _én cái　　　_iàn _én
　　两　次　　　如　此　　　　人　才　　　　恋　人

（五）学成语。听录音并跟读，注意 r 的发音

Learning idioms. Listen to the recording and read. Pay attention to the pronunciation of r

弱不禁风
ruò bù jīn fēng

出自唐代诗人杜甫的《江雨有怀郑典设》诗，形容身体娇弱，连风吹都经受不起。

From a poem of Du Fu in Tang Dynasty—*Jiang Yu You Huai Zheng Dian She.* The original meaning is to describe a woman who is too weak to stand a gust of wind. Now it also means someone is extremely delicate or fragile.

22. 声母表 Initials

（一）声母表。听录音，并跟读模仿

Listen to the recording and read

b	[p]	p	[p']	m	[m]	f	[f]
d	[t]	t	[t']	n	[n]	l	[l]
g	[k]	k	[k']	h	[x]		
j	[tɕ]	q	[tɕ']	x	[ɕ]		
zh	[tʂ]	ch	[tʂ']	sh	[ʂ]	r	[ʐ]
z	[ts]	c	[ts']	s	[s]		

（二）听一听，读一读

Sing the song

Shēngmǔ Gē
声 母 歌

Yòu xià bànyuán bbb, yòu shàng bànyuán ppp,
右 下 半 圆 bbb, 右 上 半 圆 ppp,
Liǎng gè méndòng mmm, sǎnbǐng cháo shàng fff;
两 个 门 洞 mmm, 伞 柄 朝 上 fff;
Zuǒ xià bànyuán ddd, sǎnbǐng cháo xià ttt,
左 下 半 圆 ddd, 伞 柄 朝 下 ttt,
Yí gè méndòng nnn, yì gēn xiǎogùn lll;
一 个 门 洞 nnn, 一 根 小 棍 lll;
Gēzi fēixiáng g g g, yì tǐng jīqiāng kkk, yì bǎ yǐzi hhh;
鸽 子 飞 翔 g g g, 一 挺 机 枪 kkk, 一 把 椅 子 hhh;
Shù wān jiā diǎn jjj, zuǒ shàng bànyuán qqq, yí gè dà chā xxx;
竖 弯 加 点 jjj, 左 上 半 圆 qqq, 一 个 大 叉 xxx;
Xiàng gè èr zì zzz, yí gè bànyuán ccc, bàn gè bā zì sss;
像 个 2 字 zzz, 一 个 半 圆 ccc, 半 个 8 字 sss;
z jiā h, zh zh zh, c jiā h, ch ch ch,
z 加 h, zh zh zh, c 加 h, ch ch ch,

汉语语音100点

s jiā h, sh sh sh, xiǎo shù fāyá r r r;
s 加 h, sh sh sh, 小 树 发芽 r r r；
Shùchà y, wūdǐng w, Hànyǔ Pīnyīn yào jìzhù!
树 杈 y, 屋 顶 w, 汉 语 拼音 要 记住！

三、韵母
Finals

23. 单韵母 Simple finals

（一）听录音并跟读模仿

Listen to the recording and read

汉语普通话，单韵母有7个，分别为：
a, o, e, i, u, ü, er.
There are 7 single finals in Chinese: a, o, e, i, u, ü, er.

（二）看图片、听录音并跟读，注意词义的不同

Look at the following pictures, listen to the recording and read. Pay attention to the different meanings of each syllable

a 啊

o 哦

e 鹅

i 衣

u 五

ü 鱼

er 耳

(三) 拼写规则
Spelling rules

当 i, ü 自己单独成为一个音节时,要在 i, ü 前边加上"y",同时去掉 ü 上的两点,写为 yi, yu。另外,ü 和声母 j, q, x 相拼时,也要去掉两点。

When i, ü form a syllable independently, y must be added in front of i, ü, and the two dots on ü must be removed, written as yi, yu. w must be added in front of u, written as wu. When ü follows j, q or x, the two dots must be removed as well, written as ju, qu, xu.

(四) 听录音并跟读模仿,注意声调的区别
Listen to the recording, and read. Pay attention to the tones

ā	á	ǎ	à
wō	wó	wǒ	wò
ē	é	ě	è
yī	yí	yǐ	yì
wū	wú	wǔ	wù
yū	yú	yǔ	yù
ēr	ér	ěr	èr

(五) 听录音，写出你听到的音节并跟读模仿

Listen to the recording, write down and read the syllables you hear

1. _____ _____ _____ _____
2. _____ _____ _____ _____
3. _____ _____ _____ _____

24. 怎样发好 i, u, ü?　How to pronounce i, u, ü?

（一）发音要领，听录音跟读模仿

On the pronunciations of i, u, ü, listen to the recording and read

汉语普通话的 i 和 ü 是发音位置相同、嘴唇形状不同的两个韵母，发 i 时嘴唇的形状是平的，而发 ü 时一定要圆唇。i 的发音和英语"cheese"中"ee"的发音类似。练习时可以发好 i, 保持发音部位不动，然后把嘴唇圆起来就可以发出 ü。

i—ü

Both i and ü are front and high vowel. But when pronouncing i, the lips should be flat. While pronouncing ü, the lips must be rounded up. The pronunciation of i is similar to the "ee" in "cheese". When you practice ü, you can pronounce i first, and gradually transform into ü by extending the duration of i, then round up the lips and keep the tongue position unchanged.

很多外国人发不好 u 和 ü 两个音，发音时都圆唇了，但是听起来总是含混不清，问题就在于没有注意到 u 和 ü 舌头位置的不同。u 和 ü 都是圆唇音，但是发音时 ü 的舌位在前，舌尖抵住下齿背，而 u 的舌位在后，发音时舌尖不能和下齿背接触，舌头要尽力往后收才能发对。

u—ü

It is difficult for foreigners to pronounce u and ü correctly. Both of them are round vowel, but the key point is the tougue position. u is a back and high round vowel. While pronouncing u, the tongue is held backward with the lips being rounded and moved forward as much as possible. But ü is a front and high vowel. When ü is pronounced, you should hold your tongue forward with rounded lips.

（二）听录音并跟读模仿

Listen to the recording and read

jī	qí	xǐ	lì
机	奇	洗	力

韵 母

| fū 夫 | wú 无 | hǔ 虎 | bù 不 |
| qū 区 | jú 橘 | nǚ 女 | lǜ 绿 |

(三) 听录音并跟读模仿

Listen to the recording and read

xīngqī 星期	sìjì 四季	hàoqí 好奇	xiūlǐ 修理
fùjìn 附近	chūlù 出路	shūhū 疏忽	túbù 徒步
yǒuqù 有趣	tuánjù 团聚	měinǚ 美女	lǜshī 律师

(四) 听录音,写出你听到的韵母并跟读

Listen to the recording, write down and read the finals you hear

1. y_ sǎn 雨 伞   y_ yuàn 医 院   2. máob_ 毛 笔   máoy_ 毛 衣
3. d_ sh_ 读 书   t_ y_ 体 育   4. b_ y_ 捕 鱼   g_ y_ 故 意
5. b_ jiǔ 不 久   p_ jiǔ 啤 酒   6. p_ b_ 瀑 布   cíj_ 词 句
7. tòngk_ 痛 苦   g_ l_ 鼓 励   8. xìngq_ 兴 趣   ā'y_ 阿 姨

(五) 试一试:听下面的绕口令并跟读模仿

Can you try? Listen to the tongue-twister and read

Nǚ Xiǎo Lǚ hé Nǚ Lǎo Lǐ
女 小 吕 和 女 老 李

Zhè tiān tiān xià yǔ,
这 天 天 下 雨,

Tǐyùjú chuān lǜ yǔyī de nǚ Xiǎo Lǚ,
体育局 穿 绿 雨衣 的 女 小 吕,

Qù zhǎo chuān lǜ yùndòngyī de nǚ Lǎo Lǐ.
去　找　穿　绿运　动衣的女　老李。

Chuān lǜ yǔyī de nǚ Xiǎo Lǚ,
穿　绿雨衣的女　小吕,

Méi zhǎo dào chuān lǜ yùndòngyī de nǚ Lǎo Lǐ,
没　找　到　穿　绿运动衣的女老李,

Chuān lǜ yùndòngyī de nǚ Lǎo Lǐ,
穿　绿运　动　衣的女老李,

Yě méi jiàn zháo chuān lǜ yǔyī de nǚ Xiǎo Lǚ.
也没　见着　穿　绿雨衣的女　小吕。

25. 怎样发好 u 和 e？ How to pronounce u and e?

（一）发音要领，听录音并跟读

On the pronunciation of u and e, listen to the recording and read

u 和 e 也是外国人常常发音混淆的音。u 是一个圆唇音，舌位靠后，发音时要注意向后收紧舌头，并保持圆唇。而 e 是一个不圆唇音，和它发音部位相同的音是 o，保持舌位半高的状态并圆唇，就可以发出 o，保持舌位不变，然后使嘴唇放平就可以发出 e 了。e 是不圆唇音，u 是圆唇音，另外很重要的是，e 的舌位半高，而 u 发音位置较高，发音时舌头要向上拱起。

u—e

u is a back and high round vowel. While pronouncing u, the tongue is held backward with the lips being rounded and moved forward as much as possible. While e is a back, mid-high and unrounded vowel. If it is difficult to pronounce e, you can pronounce o first, and transform into e by extending the duration of o while spreading the angles of your lips.

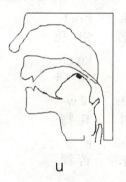
u

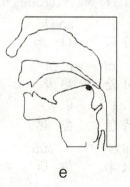
e

（二）听录音并跟读模仿

Listen to the recording and read

gē	gé	gǔ	gù
哥	革	古	顾
kē	ké	kǔ	kù
科	壳	苦	裤

gè	kè	gě	kě
个	课	葛	渴
gū	kū	gǔ	kǔ
姑	哭	古	苦

(三) 听录音并跟读模仿

Listen to the recording and read

bǔkè	gùkè	kǒukě	kǒukǔ
补课	顾客	口渴	口苦
gēge	gūgu	chūqu	kèqi
哥哥	姑姑	出去	客气
kěyǐ	bǔyú	rùkǒu	règǒu
可以	捕鱼	入口	热狗
qǐngkè	qīkǔ	chūrù	gōngkè
请客	凄苦	出入	功课

(四) 听录音,写出你听到的韵母并跟读

Listen to the recording, write down and read the finals you hear

1. k_l_ 可乐   kǒu k_ 口渴   2. tòng k_ 痛苦   bái t_ 白兔
3. k_ ài 可爱   r_ ài 热爱   4. èn w_ 任务   kù sh_ 酷暑
5. t_ s_ 特色   k_ r_ 酷热   6. ch_ sh_ 处暑 lǐ w_ 礼物
7. qì ch_ 汽车 c_ suǒ 厕所   8. h_ shuǐ 河水 k_ s_ 苦涩

（五）试一试：听下面的儿歌并跟读模仿

Can you try?

Listen to the nursery rhymes and read

É
鹅

Pō shang lì zhe yì zhī é,
坡 上 立 着 一 只 鹅，

Pō xià jiù shì yì tiáo hé.
坡 下 就 是 一 条 河。

Kuān kuān de hé,
宽 宽 的 河，

Féi féi de é,
肥 肥 的 鹅，

É yào guò hé,
鹅 要 过 河，

Hé yào dù é.
河 要 渡 鹅。

Bù zhī shì é guò hé,
不 知 是 鹅 过 河，

Háishì hé dù é.
还 是 河 渡 鹅。

26. 怎样发好 e 和 er？ How to pronounce e and er?

（一）发音要领，听录音并跟读

On the pronunciation of e and er, listen to the recording and read

e 的舌位半高，舌尖放松。er 是一个卷舌韵母，发音时先处在 e 的舌位，然后使舌尖卷起，就能发出。

e—er

e is a back, mid-high and unrounded vowel, when you pronounce e, the tongue tip should be relaxed. When you pronounce er, you can pronounce e first, and then roll up the tongue tip, then you can pronounce er correctly.

（二）听录音并跟读模仿

Listen to the recording and read

è — ěr	è — èr	é — ér	ě — èr
恶 耳	饿 二	俄 儿	恶 二
érzi — ézi		èrshǒu — èshǒu	
儿子 蛾子		二手 扼守	
Éyǔ — ěryǔ		èhuà — èrhuà	
俄语 耳语		恶化 二话	
ěxin — èrxīn		émáo — érmiáo	
恶心 二心		鹅毛 鸸鹋	

（三）听录音并跟读模仿

Listen to the recording and read

érgē	értóng	érnǚ	érhuà	érzi
儿歌	儿童	儿女	儿化	儿子
érjīn	érqiě	ér yǐ	érhòu	érlì
而今	而且	而已	而后	而立
ěrjī	ěrhuán	ěryǔ	ěrmù	ěrduo
耳机	耳环	耳语	耳目	耳朵
èrxīn	èrhuán	èrshǒu	èrxiàn	èrhú
二心	二环	二手	二线	二胡

（四）听录音，写出你听到的韵母并跟读

Listen to the recording, write down and read the finals you hear

1. _ gùn   _tóng   2. jī _   _guāng
   恶 棍   儿 童   饥 饿   耳 光

3. fǎn _   _ mèng   4. jīn _   jìn _
   反 而   噩 梦   金 额   进 而

5. mù _   wēi _   6. yán r _ xiǎo _
   木 耳   巍 峨   炎 热   小 儿

（五）试一试：听下面的绕口令并跟读模仿

Can you try?

Listen to the tongue-twister and read

Dìmíng hé Ěr
地 名 和 er

Yào shuō "ěr" zhuān shuō "ěr",
要 说 "尔" 专 说 "尔",

Mǎ'ěrdàifū, Kābù'ěr,
马 尔 代 夫，喀 布 尔，

Ā'ěrbāníyà, Zhāyī'ěr,
阿 尔 巴 尼 亚，扎 伊 尔，

Kǎtǎ'ěr, Níbó'ěr,
卡 塔 尔，尼 泊 尔，

Bèi'ěrgéláidé, Āndào'ěr,

81

贝 尔格莱德， 安道 尔，
Sà'ěrwǎduō, Bó'ërní,
萨尔瓦多， 泊尔尼，

Lìbówéi'ěr, Bānzhū'ěr,
利伯维 尔， 班 珠 尔，

Èguāduō'ěr, Sàishé'ěr,
厄瓜多 尔， 塞舌 尔，

Hāmì'ěrdùn, Nírì'ěr,
哈密尔顿， 尼日尔，

Shèngbǐ'āi'ěr, Bāsī tè'ěr,
圣 彼埃尔，巴斯特尔，

Sāinèijiā'ěr de Dákā'ěr,
塞内加尔的 达喀尔，

Ā'ěr jí lìyà de Ā'ěrjí'ěr.
阿尔及利亚 的 阿尔及尔。

27. 复韵母（1）前响二合元音韵母
Compound finals (1) Front-louder di-finals

（一）发音要领，听录音并跟读

On the pronunciation of Di-finals, listen to the recording and read

汉语的复韵母由两个或者三个音素组成，根据主要元音在复韵母中的不同位置，复韵母可以分为前响二合元音韵母、后响二合元音韵母和中响三合元音韵母。

前响二合元音韵发音时舌位从第一个音的位置滑到第二个音的位置，第一个音发音时间较长，较为响亮。

ai, ei, ao, ou

Compound finals in Chinese are combined of two or three sounds. According to the different positions of the main vowel, they are called front-louder di-finals, back-louder di-finals, and middle-louder tri-finals.

When ai, ei, ao and ou are articulated, the sound of the first vowel which is the main vowel is louder and longer than that of the second. The sound of the second vowel is lighter and shorter. When these finals are pronounced, the tongue positions keep changing in a sliding rather than a jerking manner.

（二）听录音并跟读模仿

Listen to the recording and read

pāi	lái	mǎi	zài
拍	来	买	在
fēi	méi	gěi	fèi
飞	没	给	费
gāo	sháo	cǎo	dào
高	勺	草	到
ōu	tóu	kǒu	ròu
欧	头	口	肉

汉语语音100点

(三) 听录音,选择你听到的音节并跟读

Listen to the recording, choose and read the syllable you hear

	cái	zéi		péi	pāi
1.	才	贼	2.	陪	拍

	zhǎo	zhōu		hǎo	hòu
3.	找	周	4.	好	后

	huì	féi		pǎo	pōu
5.	会	肥	6.	跑	剖

	shéi	shài		lóu	láo
7.	谁	晒	8.	楼	劳

(四) 听录音,写出你听到的韵母并跟读

Listen to the recording, write down and read the finals you hear

	p_ bù	z_ lù		huí l_	f_ jī
1.	跑 步	走 路	2.	回 来	飞 机

	b_ c_	p_ duì		zh_ mò	k_ shì
3.	白 菜	排 队	4.	周 末	考 试

	m_ h_	p_ zh_		xiǎoc_	gǎnm_
5.	美 好	拍 照	6.	小 草	感 冒

(五) 试一试:听下面的儿歌并跟读模仿

Can you try?

Listen to the nursery rhymes and read

Mǎi Cài
买 菜

Xiǎo guāi guāi,
小 乖 乖,

Shàng dà jiē,
上 大 街,

Péi nǎinai,
陪 奶 奶,

Qù mǎi cài.
去 买 菜。

韵 母

Qīngcài dòufu yú ròu dàn,
青 菜 豆 腐 鱼 肉 蛋,
Hēi yō hēi yō tái huílai.
嗨 哟 嗨 哟 抬 回来。

28. 复韵母（2）后响二合元音韵母
Compound finals (2) Back-louder di-finals

（一）发音要领，听录音并跟读

On the pronunciation of Di-finals, listen to the recording and read

后响二合元音韵母发音时舌位从第一个音的位置滑到第二个音的位置，第二个音发音时间较长，较为响亮。

ia, ua, uo, ie, üe

当这些韵母自成音节时要写为：ya, wa, wo, ye, yue.

When i a, u a, uo, ie and üe are articulated, the sound of the second vowel which is the main vowel is louder and longer than that of the first. The sound of the first vowel is lighter and shorter. When these finals are pronounced, the tongue position keeps changing in a sliding rather than a jerking manner.

When these finals form a syllable independently, should be written as: ya, wa, wo, ye and yue.

（二）看图片、听录音并跟读，注意词义的不同

Listen to the recording and look at the pictures. Pay attention to the meanings of each syllable and read

yá	wà	wǒ	yè	yuè
牙	袜	我	叶	月

（三）听录音并跟读模仿

Listen to the recording and read

jiā	yá	liǎ	xià
家	牙	俩	下

jiē	xié	yě	jiè
街	鞋	也	介
shuā	huá	wǎ	huà
刷	华	瓦	话
shuō	guó	wǒ	zuò
说	国	我	坐
yuē	xué	xuě	yuè
约	学	雪	月

(四) 听录音,选择你听到的音节并跟读

Listen to the recording, choose and read the syllable you hear

1. xiā 虾　　yá 牙　　2. huà 话　　huǒ 火
3. fā 发　　huā 花　　4. xué 学　　xié 鞋
5. jiè 借　　jiào 觉　　6. shǎ 傻　　shuǎ 耍
7. shāo 烧　　shōu 收　　8. lüè 略　　liè 列

(五) 听录音,写出你听到的韵母并跟读

Listen to the recording, write down and read the finals you hear

1. j_ yá 假牙　　sh_ huà 说话　　2. g_ j_ 国家　　x_ j_ 雪茄
3. yōuy_ 优雅　　j_ shào 介绍　　4. xiǎo x_ 小虾　　h_ h_ 画画
5. j_ de 觉得　　yíx_ 一下　　6. z_ wéi 作为　　sh_ f_ 收费

(五) 试一试：听下面的儿歌并记忆模仿

Can you try?

Listen to the nursery rhymes and read

Wā hé Guā
蛙 和 瓜

Lǜ qīngwā, jiào guā guā,
绿青蛙，叫呱呱，

Bèng dào dì li kàn xīguā.
蹦 到 地里看西瓜。

Xīguā kuā wā chàng de hǎo,
西瓜 夸 蛙 唱 得 好，

Wā kuā xīguā zhǎng de dà.
蛙 夸 西瓜 长 得 大。

29. 复韵母（3）中响三合元音韵母
Compound finals (3) mid-louder tri-finals

（一）发音要领，听录音并跟读

On the pronunciation of the tri-finals, listen to the recording and read

中响三合元音韵母由三个音素组成，发音时中间的一个音发音时间最长、最响亮。

uai, uei(ui), iao, iou(iu)，自成音节时写为：wai, wei, yao, you。

Mid-louder tri-finals are combined of three vowels, and the one in the middle is the loudest and the longest. When these finals are pronounced, the tongue position keeps changing in a sliding rather than a jerking manner.

When these finals form syllables independently, they should be written as: wai, wei, yao, and you.

（二）听录音并跟读模仿

Listen to the recording and read

yāo	tiáo	xiǎo	piào
腰	条	小	票
qiū	liú	yǒu	jiù
秋	留	有	就
wāi	huái	guǎi	huài
歪	怀	拐	坏
chuī	huí	shuǐ	wèi
吹	回	水	为

（三）听录音并跟读模仿

Listen to the recording and read

xūyào	shuìjiào	wàimài	huáibào
需要	睡觉	外卖	怀抱
yōujiǔ	yāoqiú	shìyǒu	piāoliú
悠久	要求	室友	漂流

汉语语音100点

wēihài	huílái	shuǐzāi	huíhuà
危害	回来	水灾	回话
ménpiào	wàibiǎo	kuàilè	yǒuxiào
门票	外表	快乐	有效

(四)听录音,选择你听到的音节并跟读

Listen to the recording, choose and read the syllable you hear

1. yào 要 / yòu 又　　2. miǎo 秒 / máo 毛
3. hēi 黑 / huī 灰　　4. huài 坏 / hài 害
5. liú 留 / lú 卢　　6. piào 票 / pào 泡
7. jiǔ 久 / jù 句　　8. shuì 睡 / wèi 为

(五)试一试:听下面的儿歌并记忆模仿

Can you try?

Listen to the nursery rhymes and read

Niǎo kàn Biǎo
鸟看表

Shuǐshang piāozhe yì zhī biǎo,
水上漂着一只表,

Biǎo shang luòzhe yì zhī niǎo.
表上落着一只鸟。

Niǎo kàn biǎo, biǎo dèng niǎo,
鸟看表,表瞪鸟,

Niǎo bú rènshi biǎo,
鸟不认识表,

Biǎo yě bú rènshi niǎo.
表也不认识鸟。

30. 鼻韵母(1)前鼻音韵母1 Nasal finals (1) Front nasal finals 1

（一）发音要领，听录音并跟读

On the pronunciation of the front nasal finals, listen to the recording and read

发前鼻音韵母时，舌尖要用力抵住上齿龈直到发音结束。[n]的发音跟英语"and"中的"n"发音相近。

an, ian, uan, üan 自成音节时写为：an, yan, wan, yuan。

When the front nasal finals are pronounced, the tongue tip should push strongly against the upper gums till the end of the pronunciation. The pronunciation of [n] is similar to the "n" in "and".

When these finals form syllables independently, they should be written as: an, yan, wan, yuan.

（二）听录音并跟读模仿

Listen to the recording and read

sān	lán	chǎn	fàn
三	兰	产	饭
xiān	tián	diǎn	jiàn
先	田	点	见
guān	chuán	wǎn	duàn
关	船	晚	段
juān	quán	xuǎn	yuàn
捐	全	选	院

（三）听录音并跟读模仿

Listen to the recording and read

yuánquān	xuānchuán	ānjiǎn	wánquán
圆 圈	宣 传	安 检	完 全
xiūxián	shíyán	róuruǎn	shùnbiàn
休 闲	食 盐	柔 软	顺 便
gǎibiàn	biǎoyǎn	qiūtiān	shuìmián
改 变	表 演	秋 天	睡 眠

jiè yān	mányuàn	yáoyuǎn	shíjiān
戒烟	埋怨	遥远	时间

(四) 听录音,选择你听到的音节并跟读

Listen to the recording, choose and read the syllable you hear

1. liǎn 脸　　yǎn 眼　　2. huàn 换　　hàn 汗
3. tiān 天　　tán 谈　　4. yūn 晕　　yuàn 院
5. shuàn 涮　　shān 山　　6. diǎn 点　　dàn 蛋
7. guǎn 管　　gǎn 敢　　8. yān 烟　　xiān 先

(五) 试一试:听下面的绕口令并记忆模仿

Can you try?

Listen to the tongue-twister and read

Huà Yuánquān
画 圆 圈

Yuánquān yuán, quān yuánquān,
圆　圈　圆,　圈　圆　圈,
Yuán yuan Juānjuan huà yuánquān.
圆　圆　娟　娟　画　圆　圈。

韵 母

Juānjuan huà de quān lián quān,
娟 娟 画 的 圈 连 圈,
Yuán yuan huà de quān tào quān.
圆 圆 画 的 圈 套 圈。
Juānjuan Yuányuán bǐ yuánquān,
娟 娟 圆 圆 比 圆 圈,
Kànkan shuí de yuánquān yuán.
看 看 谁 的 圆 圈 圆。

31. 鼻韵母(1)前鼻音韵母2 Nasal finals (1) Front nasal finals 2

(一) 发音要领, 听录音并跟读

On the pronunciation of the front nasal finals, listen to the recording and read

发前鼻音韵母时,舌尖要用力抵住上齿龈直到发音结束。[n]的发音跟英语"and"中的"n"发音相近。

en, in, uen(un), ün 自成音节时写为:en, yin, wen, yun。

When the front nasal finals are pronounced, the tongue tip should push strongly against the upper gums till the end of the pronunciation. The pronunciation of [n] is similar to the "n" in "and".

When these finals form a syllable alone, we write: en, yin, wen, yun.

(二) 看图片、听录音并跟读, 注意词义的不同

Listen to the recording, look at the pictures and read. Pay attention to the meanings of each syllable

| mén | yīn | wěn | yún |
| 门 | 阴 | 吻 | 云 |

(三) 听录音并跟读模仿

Listen to the recording and read

fēn	mén	běn	rèn
分	门	本	认
xīn	nín	pǐn	jìn
心	您	品	进
chūn	wén	zhǔn	kùn
春	文	准	困

韵　母

jūn	qún	yǔn	xùn
军	裙	允	训

（四）听录音,选择你听到的音节并跟读

Listen to the recording, choose and read the syllable you hear

1. xīn 新　　shēn 身　　2. wěn 吻　　yùn 韵

3. cún 存　　chén 陈　　4. jūn 均　　hùn 混

5. běn 本　　lún 轮　　6. yún 云　　kūn 坤

7. hěn 很　　hūn 婚　　8. shèn 甚　　shùn 顺

（五）听录音并跟读模仿

Listen to the recording and read

shífēn	jìnmén	kèběn	rènzhēn
十 分	进 门	课 本	认 真
yīnwèi	zhǔnbèi	chūntiān	wēnnuǎn
因 为	准 备	春 天	温 暖
shùnxù	yùndòng	yīnyuè	wènjuàn
顺 序	运 动	音 乐	问 卷
biāozhǔn	hùndùn	hùnluàn	jūnrén
标 准	混 沌	混 乱	军 人

32. 鼻韵母(2)后鼻音韵母1 Nasal finals (2) Back nasal finals 1

(一) 发音要领,听录音并跟读

On the pronunciation of the back nasal finals, listen to the recording and read

发后鼻音韵母时,舌头要逐渐向后收,最后舌根部要用力抵住软腭直到发音过程结束。

ang, iang, uang 自成音节时写为:ang, yang, wang。

When the back nasal finals are pronounced, the tongue should be gradually moved backward so that the root of the tongue may finally pushes against the soft palate with strength till the end of the pronunciation.

When these finals form a syllable independently, should be written as ang, yang and wang.

(二) 听录音并跟读模仿

Listen to the recording and read

dāng 当	fáng 房	chǎng 厂	shàng 上
jiāng 江	qiáng 墙	liǎng 两	xiàng 向
chuāng 窗	huáng 黄	guǎng 广	kuàng 况

(三) 听录音并跟读模仿

Listen to the recording and read

guǎngchǎng 广场	cāngliáng 苍凉	yínháng 银行	Chángjiāng 长江
jiànjiàng 健将	piàoliang 漂亮	xiàng shàng 向上	zhuàngkuàng 状况
liángshuǎng 凉爽	qǐchuáng 起床	mǎshàng 马上	chángcháng 常常
jǐnliàng 尽量	yìnxiàng 印象	chuānghuā 窗花	zhàoxiàng 照相

（四）听录音,选择你听到的音节并跟读

Listen to the recording, choose and read the syllable you hear

1. huáng　háng
   黄　　航
2. liàng　làng
   量　　浪

3. chuáng　cháng
   床　　　常
4. kàng　kuáng
   抗　　狂

5. shuǎng　shàng
   爽　　　上
6. táng　liáng
   糖　　梁

7. zhuāng　shāng
   装　　　商
8. guàng　huáng
   逛　　　黄

（五）试一试:听下面的儿歌并记忆模仿

Can you try?

Listen to the nursery rhymes and read

Yáng Jiā Yǎng le Yì Zhī Yáng
杨家养了一只羊

Yáng jiā yǎng le yì zhī yáng,
杨　家　养　了一只 羊,

Jiǎng jiā xiū le yí dào qiáng.
蒋　家　修　了一道　墙。

Yáng jiā de yáng zhuàng dǎo le Jiǎng jiā de qiáng,
杨　家的　羊　　撞　　倒　了 蒋　家 的　墙,

Jiǎng jiā de qiáng yā sǐ le Yáng jiā de yáng.
蒋　家 的　墙　　压 死 了 杨　家 的　羊。

Yáng jiā yào Jiǎng jiā péi Yáng jiā de yáng,
杨　家 要　蒋　家 赔　杨　家 的　羊,

Jiǎng jiā yào Yáng jiā péi Jiǎng jiā de qiáng.
蒋　家 要　杨　家 赔　蒋　家 的　墙。

33. 鼻韵母(2)后鼻音韵母 2 Nasal finals (2) Back nasal finals 2

(一) 发音要领，听录音并跟读

On the pronunciation of the back nasal finals, listen to the recording and read

发后鼻音韵母时，舌头要逐渐向后收，最后舌根部要用力抵住软腭直到发音过程结束。

eng, ing, ueng, iong 自成音节时写为：eng, ying, weng, yong。

When the back nasal finals are pronounced, the tongue should be gradually moved backward so that the root of the tongue may finally pushes against the soft palate with strength till the end of the pronunciation.

When these finals form syllables independently, should be written as ing, weng and yong.

(二) 听录音并跟读模仿

Listen to the recording and read

shēng	néng	lěng	gèng
生	能	冷	更
jīng	tíng	qǐng	bìng
京	停	请	病
wēng	wèng		
翁	瓮		
zhōng	hóng	dǒng	sòng
中	红	懂	送
xiōng	qióng	yǒng	yòng
兄	穷	永	用

(三) 听录音并跟读模仿

Listen to the recording and read

qíngjìng	shēngmìng	xīngkōng	yǒuyòng
情 境	生 命	星 空	有 用
chéngzhǎng	hōngmíng	pínqióng	lěngqīng
成 长	轰 鸣	贫 穷	冷 清

yīngxióng　　BěiJīng　　　měngdǒng　ménglóng
英　雄　　　北　京　　　懵　懂　　朦　胧

lǎngsòng　　yóuyǒng　　gōngnéng　lǎowēng
朗　诵　　　游　泳　　　功　能　　老　翁

（四）听录音，选择你听到的音节并跟读

Listen to the recording, choose and read the syllable you hear

1. chéng 成　　cháng 常　　2. yìng 硬　　yòng 用

3. lóng 龙　　xióng 熊　　4. yǒng 涌　　róng 荣

5. hóng 红　　huáng 黄　　6. xīng 星　　shēng 生

7. gěng 耿　　gōng 功　　　8. zhōng 钟　　zhuāng 装

（五）试一试：听下面的儿歌并记忆模仿

Can you try?

Listen to the nursery rhymes and read

Xué Yóuyǒng
学　游　泳

Xiǎo Yǒng yǒnggǎn xué yóuyǒng,
小　勇　勇　敢　学　游　泳，
Yǒnggǎn yóuyǒng shì yīngxióng.
勇　敢　游　泳　是　英　雄。

34. 前鼻音韵母和后鼻音韵母的辨析
Front nasal finals and back nasal finals

(一) 发音要领,听录音并跟读

On the pronouniation of the front and back nasal finals, listen to the recording and read

前鼻音和后鼻音也是容易发生混淆的两组音。我们练习发音时应该从两方面来注意他们的区别:一是发音部位不同,发前鼻音[n]时舌尖要抵住上齿龈,而发后鼻音[ŋ]时,舌头的后部要拱起,舌根向后收缩,抵住软腭;二是开口度不同,发[n]时上下齿相对,开口较小,而发[ŋ]时开口度较大。

an	ang
ian	iang
uan	uang
en	eng
in	ing
uen	ueng

When we pronounce the front nasal finals and the back nasal finals, we should first pay attention to the tongue position. When the front nasal finals are pronounced, the tongue tip should push strongly against the upper gums till the end of the pronunciation. While the back nasal finals are pronounced, the tongue should be gradually moved backward so that the root of the tongue may finally pushes against the soft palate with strength till the end of the pronunciation. Secondly, we should notice that when the back nasal finals are pronounced, the mouth is opened wider than the front ones.

(二) 听录音并跟读模仿

Listen to the recording and read

tán	tāng	yān	yáng
谈	汤	烟	羊
kuān	kuáng	mén	mèng
宽	狂	门	梦

韵　母

rén	réng	xīn	xīng
人	仍	新	星
màn	máng	wèn	wēng
慢	忙	问	翁

（三）听录音并跟读模仿

Listen to the recording and read

zhuāngjiā	zhuānjiā	yīntiān	yǐngtán
庄　家	专　家	阴　天	影　坛
lěngjìng	chénjìn	guǎngchǎng	gǎnjǐn
冷　静	沉　浸	广　场	赶　紧
xīnnián	xīnniáng	chènjī	chéngjì
新　年	新　娘	趁　机	成　绩
fāyán	fāyáng	liúlàng	zhǎnlǎn
发　言	发　扬	流　浪	展　览

（四）听录音，写出你听到的韵母并跟读

Listen to the recording, write down and read the finals you hear

1. q＿ yǎn　　q＿ nián　　 2. p＿ biān　　b＿ diǎn
   亲　眼　　青　年　　　　旁　边　　斑　点

3. t＿ yuán　　t＿ yuán　　 4. ch＿ nián　　ch＿ mián
   汤　圆　　团　圆　　　　常　年　　缠　绵

5. sh＿ yǎn　　sh＿ yáng　　 6. biǎo y＿　　biǎo y＿
   上　演　　山　羊　　　　表　演　　表　扬

7. y＿ yuè　　y＿ yòng　　　8. g＿ běn　　gǎn j＿
   音　乐　　应　用　　　　根　本　　赶　紧

汉语语音100点

(五) 试一试:听下面的绕口令,并记忆模仿

Can you try?

Listen to the tongue-twister and read

Zhāng Kāng hé Zhān Dān
张　康　和　詹　丹

Zhāng Kāng dāng dǒngshìzhǎng,
张　康　当　董事长,

Zhān Dān dāng chǎngzhǎng,
詹　丹　当　厂　长,

Zhāng Kāng bāngzhù Zhān Dān,
张　康　帮助　詹　丹,

Zhān Dān bāngzhù Zhāng Kāng.
詹　丹　帮助　张　康。

ceo　　　　　maneger

35. an, en, in 以及 ang, eng, ing 的开口度的区别
The openness when pronouncing an, en, in and ang, eng, ing

(一) 发音要领,听录音并跟读

On the pronunciation of an, en, in and ang, eng, ing, listen to the recording and read

a, e, i 三个单韵母的开口度依次减小,相应的前鼻音韵母an, en, in, 后鼻音韵母ang, eng, ying的开口度也依次减小。开口度的大小是发好这两组音的关键。

an—en—in

ang—eng—ing

When we pronounce a, e and i, the openness of mouth is reduced correspondingly. And so are the front nasal and back nasal finals with a, e and i.

(二) 听录音并跟读模仿

Listen to the recording and read

lǎn 懒	lín 林	shān 山	shén 神
shàng 上	shèng 剩	fāng 芳	fēng 风
màn 慢	mén 门	lěng 冷	lǐng 领
háng 航	héng 横	táng 糖	téng 疼

(三) 听录音并跟读模仿

Listen to the recording and read

fāngxiàng 方向	fēngxiàng 风向	shùgēn 树根	shújīn 赎金
nán běi 南北	nènlǜ 嫩绿	shénqí 神奇	xīn jí 心急

汉语语音100点

fāngmiàn	fēngmiàn	fěnhóng	fǎnguāng
方面	封面	粉红	反光
shípǐn	shūběn	píngcháng	pěngchǎng
食品	书本	平常	捧场

(四) 听录音，写出你听到的韵母并跟读

Listen to the recording, write down and read the finals you hear

1. lóu f___ 楼房　　ch___qiáng 城墙　　2. l___ cān 冷餐　　l___ bān 领班

3. p___ jǐng 盆景　　p___ qǐng 聘请　　4. hán l___ 寒冷　　hǎi___ 海浪

5. p___ pāng 乒乓　　p___ zhuàng 碰撞　　6. zhāo p___ 招聘　　yù m___ 郁闷

(五) 试一试：听下面的儿歌并记忆模仿

Can you try? Listen to the nursery rhymes and read

Chángchéng Cháng
长　城　长

Chángchéng cháng, chéngqiáng cháng,
长　城　长，城　墙　长，

Cháng cháng Chángchéng cháng chéngqiáng,
长　长　长城　长　城墙，

Chéngqiáng cháng cháng chéng cháng cháng.
城　墙　长　长　城　长　长。

36. i起头的韵母 Finals started with i

（一）听录音并跟读，注意有无 i 发音的区别

Listen to the recording and read. Pay attention to the finals with and without i

$$
\begin{array}{c}
a—ia \\
e—ie \\
ao—iao \\
ou—iou \\
an—ian \\
ang—iang \\
ong—iong
\end{array}
$$

（二）听录音并跟读模仿

Listen to the recording and read

lǎ	liǎ	nào	niào
喇	俩	闹	尿
nè	niè	zhāo	jiāo
讷	聂	招	交
ǒu	yǒu	nán	nián
偶	有	男	年
láng	liáng	hóng	xióng
狼	粮	红	雄

（三）听录音并跟读模仿

Listen to the recording and read

héxié	kělián	pí'ǎo	shǒubiǎo
和谐	可怜	皮袄	手表
Ōuzhōu	yōuxiù	Shànghǎi	xióngwěi
欧洲	优秀	上海	雄伟
liàngjiě	ānwèi	liàn'ài	cóngróng
谅解	安慰	恋爱	从容
xiōngyǒng	hōnglóng	xiǎngniàn	jiànmiàn
汹涌	轰隆	想念	见面

汉语语音100点

(四) 听录音,写出你听到的韵母并跟读

Listen to the recording, write down and read the finals you hear

1. qiūt__ 秋天   jiāot__ 交谈   2. àom__ 傲慢   jīnw__ 今晚

3. miǎnq__ 勉强   huāngzh__ 慌张   4. zh__ jí 着急   j__ lǜ 焦虑

5. h__ xīng 红星   x__ xīn 雄心   6. L__ zhōu 兰州   t__ liàng 天亮

(五) 试一试:听下面的儿歌并跟读模仿

Can you try?

Listen to the nursery rhymes and read

Láng hé Yáng
狼 和 羊

Xīshān yǒu zhī láng,
西 山 有 只 狼,

Dōngshān yǒu zhī yáng,
东 山 有 只 羊,

Xīshān de láng xiǎng chī dōngshān de yáng,
西 山 的 狼 想 吃 东 山 的 羊,

Dōngshān de yáng yào zhuàng xīshān de láng,
东 山 的 羊 要 撞 西 山 的 狼,

Xià de xīshān de láng bù gǎn chī dōngshān de yáng.
吓 得 西 山 的 狼 不 敢 吃 东 山 的 羊。

37. u起头的韵母 Finals started with u

（一）听录音并跟读，注意有无 u 发音的区别

Listen to the recording and read. Pay attention to the finals with and without u

a—ua
ai—uai
ei—uei
an—uan
en—uen
ang—uang
eng—ueng

（二）听录音并跟读模仿

Listen to the recording and read

hā	huā	kāi	kuài
哈	花	开	快
hēi	huī	zéi	zuǐ
黑	灰	贼	嘴
hàn	huàn	cǎn	cuàn
汉	换	惨	窜
sēn	sūn	háng	huáng
森	孙	航	黄
wēng	fēng	shǎng	shuǎng
翁	风	赏	爽

（三）听录音并跟读模仿

Listen to the recording and read

dāhuà	kāihuái	wēixiǎn	huíxiǎng
搭话	开怀	危险	回想
ānquán	wānyán	shēnchén	wēnnuǎn
安全	蜿蜒	深沉	温暖

bǎngyàng	shuǎnglǎng	lǎoshēng	lǎowēng
榜样	爽朗	老生	老翁
páihuái	xúnhuán	rènzhēn	rènzhǔn
徘徊	循环	认真	认准

（四）听录音，写出你听到的韵母并跟读

Listen to the recording, write down and read the finals you hear

	r_ kǒu	biāo zh_		h_ àn	h_ lái
1.	人 口	标 准	2.	黑 暗	回 来
	y_ jīng	f_ jǐng		shù g_	shù d_
3.	眼 睛	风 景	4.	树 根	树 墩
	guāng m_	f_ wáng		gē ch_	bēi ch_
5.	光 芒	蜂 王	6.	歌 唱	悲 怆
	ch_ zhǎng	qǐ ch_		xiān h_	xiǎng f_
7.	成 长	起 床	8.	鲜 花	想 法

（五）试一试：听下面的儿歌并跟读模仿

Can you try?

Listen to the nursery rhymes and read

Fānchuán
帆 船

Dà fānchuán, xiǎo fānchuán,
大 帆 船 ，小 帆 船 ，

Shù qǐ wéigān chēng qǐ chuán.
竖 起 桅 杆 撑 起 船 。

Fēng chuī fān, fān yǐn chuán,
风 吹 帆 ，帆 引 船 ，

Fānchuán shùnfēng zhuàn hǎiwān.
帆 船 顺 风 转 海 湾 。

38. ü起头的韵母 Finals started with ü

（一）听录音并跟读，注意有无ü发音的区别

Listen to the recording and read. Pay attention to the finals with and without ü

$$e—üe$$
$$an—üan$$
$$en—ün$$

（二）听录音并跟读模仿

Listen to the recording and read

gēn	xún	qiē	quē
跟	寻	切	缺
lán	yuán	luàn	quán
兰	元	乱	全
shēn	xùn	yín	yún
身	训	银	云

（三）听录音并跟读模仿

Listen to the recording and read

yǔnxǔ	yuānyāng	yuēhuì	yuèguāng
允许	鸳鸯	约会	月光
xìjūn	yīngjùn	juéduì	juān kuǎn
细菌	英俊	绝对	捐款
yùnyù	yuányuè	jīliè	hūlüè
孕育	元月	激烈	忽略
xiǎoxiě	xiǎoxuě	yǎnqián	yuánquán
小写	小雪	眼前	源泉

（四）听录音，写出你听到的韵母并跟读

Listen to the recording, write down and read the finals you hear

1. jiàox__ 教训　　xiǎox__ 小心　　2. róur__ 柔软　　yáoy__ 遥远

3. píx__ 皮鞋　　píx__ 皮靴　　4. h__hé 缓和　　x__zé 选择

5. shìj__ 试卷　　shíj__ 时间　　6. zhǎnzh__ 辗转　　qiǎnq__ 缱绻

（五）试一试：听下面的绕口令并跟读模仿

Can you try?

Listen to the tongue-twister and read

Xiǎo Yún Qí Niú Qù Dǎ Yóu
小　云　骑牛　去　打　油

Xiǎo Yún qí niú qù dǎ yóu,
小　云　骑牛　去　打　油，

Yùzhao Xiǎo Yǒu tī píqiú,
遇着　小　友　踢皮球，

Píqiú fēi lái xià le niú,
皮球　飞　来　吓　了　牛，

Shuāixià Xiǎo Yún sǎ le yóu.
摔　下　小　云　洒了油。

39. a, e, i 实际发音的不同 On pronunciations of a, e, i

（一）听录音并跟读，注意 a 发音的不同

Listen to the recording and read. Pay attention to the different pronunciations of a in different finals

汉语的 a 表现为 4 种不同的读音：

There are four different pronunciations for a in Chinese.

[A]: a, ia, ua

[a]: ai, uai, an, uan

[ɛ]: ian, üan

[ɑ]: an, iao, ang, iang, uang

（二）听录音并跟读，注意 e 发音的不同

Listen to the recording and read. Pay attention to the different pronunciations of e in different finals

汉语的 e 表现为 4 种不同的读音：

There are four different pronunciations for e in Chinese.

[ɤ]: e

[ə]: en, uen, eng, ueng, er

[e]: ei, uei

[ɛ]: ie, üe

（三）听录音并跟读，注意 i 发音的不同

Listen to the recording and read. Pay attention to the different pronuciations of i in different finals

汉语的 i 表现为 4 种不同的读音：

There are four different pronunciations for i in Chinese.

[i]: i, ia, ie, iao, iou, in, ian, ing, iang, iong

[ɪ]: ai, ei, uai, uei

[ɿ]: zi, ci, si

汉语语音100点

[ʅ]: zhi, chi, shi

（四）听录音并跟读下面的音节，注意韵母的实际发音区别

Listen to the recording and read. Pay attention to the pronunciations of a, e, i

tā 他	ná 拿	bǎ 把	pà 怕
yāo 腰	tiáo 条	xiǎo 小	piào 票
sī 思	cí 词	zǐ 子	sì 四
zhī 只	chī 吃	shī 师	rì 日
hē 喝	dé 德	kě 渴	gè 个
fēi 飞	méi 没	gěi 给	fèi 费
yuē 约	xué 学	xuě 雪	yuè 月

40. 韵母表 Finals

（一）韵母表。听录音并跟读模仿

Listen to the recording and read

		i	[i, ɿ, ʅ]	u	[u]	ü	[y]	er	[ər]
ɑ	[A]	iɑ	[iA]	uɑ	[uA]				
o	[o]			uo	[uo]				
e	[ɤ]	ie	[iɛ]			üe	[yɛ]		
ɑi	[ai]			uɑi	[uai]				
ei	[ei]			uei	[uei]				
ɑo	[ɑu]	iɑo	[iɑu]						
ou	[ou]	iou	[iou]						
ɑn	[an]	iɑn	[iɛn]	uɑn	[uan]	üɑn	[yɛn]		
en	[ən]	in	[in]	uen	[uən]	ün	[yn]		
ɑng	[ɑŋ]	iɑng	[iɑŋ]	uɑng	[uɑŋ]				
eng	[əŋ]	ing	[iŋ]	ueng	[uəŋ]				
ong	[uŋ]	iong	[yŋ]						

（二）听一听，读一读

Sing the song

ɑ ɑ yǒu tiáo xiǎo biànzi,
ɑ ɑ 有 条 小 辫 子,

o o shì ge yuánquānzi,
o o 是 个 圆 圈 子,

e e bái é dào yǐngzi,
e e 白 鹅 倒 影 子,

i i xiǎo gùn jiā diǎnzi,
i i 小 棍 加 点 子,

u u shì ge niǎowōzi,
u u 是 个 鸟 窝 子,

ü ü xiǎo yú tǔ pàozi.
ü ü 小 鱼 吐 泡 子.

四、拼音规则
Instructions on Pinyin Writing

41. 汉语普通话的四呼 The four rhyming patterns in Chinese Mandarin

（一）汉语普通话的四呼

The four rhyming patterns in Chinese Mandarin

"四呼"是汉语普通话中根据韵母发音的不同而把韵母分成的类。"四呼"分别指开口呼、齐齿呼、合口呼、撮口呼，简称为"开、齐、合、撮"。

开口呼是指韵母a, o, e和以a, o, e开头的韵母。

齐齿呼是指韵母i和以韵母i开头的韵母。

合口呼是指韵母u和以韵母u开头的韵母。

撮口呼是指韵母ü和以韵母ü开头的韵母。

"四呼" means four rhyming pattens in Chinese, which include open rhyming patten, i-beginning rhyming pattern, u-beginning rhyming pattern and ü-beginning rhyming pattern.

The open rhyming patten includes a, o, e and the finals started with a, o, e.

The i-beginning rhyming pattern includes i and the finals started with i.

The u-beginning rhyming pattern includes u and the finals started with u.

The ü-beginning rhyming pattern includes ü and the finals started with ü.

（二）听录音并跟读，注意每个韵母开头的不同

Listen to the recording and read after it. Pay attention to the differences of the beginning of each final

1. 开口呼

Open rhyming patten

a o e

ai ei ao ou

an en ang eng ong

拼音规则

2. 齐齿呼

i-beginning rhyming pattern

i ia ie iao iou ian in

iang ing iong

3. 合口呼

u-beginning rhyming pattern

u ua uo uai uei

uan uen uang ueng

4. 撮口呼

ü-beginning rhyming pattern

ü üe üan ün

(三) 根据韵母开头的不同,把下列韵母分成四类

According to the beginning of the finals, divide the following finals into four groups

uai ü a iao üe in uan ei u ao ueng ou üan an eng ong ing iong uo ai ün

1. _____
2. _____
3. _____
4. _____

42. 普通话声韵拼合规律
Rules of the Combinations of the initials and finals in Chinese

(一) 普通话声韵配合表

Table of the Combinations of the initials and finals in Chinese

声 母		韵 母			
		开口呼（没有韵头，韵腹是a, o, e的韵母）	齐齿呼（韵母i和以韵母i开头的韵母）	合口呼（韵母u和以韵母u开头的韵母）	撮口呼（韵母ü和以韵母ü开头的韵母）
双唇音	b, p, m	+	+	只跟u相拼	
唇齿音	f	+		只跟u相拼	
舌尖中音	d, t, n, l	+	+	+	+
舌面	j, q, x		+		+
舌根音	g, k, h	+		+	
舌尖后音	zh, ch, sh, r	+		+	
舌尖前音	z, c, s	+		+	
零声母	ø	+	+	+	+

(注释："+"表示声母和韵母可以拼合)

(二) 读一读, 记一记

Read and remember

j xì shēngmǔ wú kāi hé,
j 系 声 母 无 开 合,
g, zh, z xì wú qí cuō,
g, zh, z 系 无 齐 撮,
b xì d, t wú cuō kǒu,
b 系 d, t 无 撮 口,
sìhū qíquán shì n, l.
四 呼 齐 全 是 n, l。

拼音规则

（三）找出下列每组音节中声母和韵母拼合错误的一个

Please find the wrong combinations of the initials and finals in each group

1. kao   niu   hü   xiao
2. neng   lian   büan   zhuang
3. shiao   shang   xüe   si
4. tian   quang   sen   re

43. 整体认读音节 Syllables recognized as one unit

(一) 听录音并跟读模仿

Listen to the recording and read

汉语中有16个整体认读音节，学习时我们不从声母、韵母相拼来记忆，而是把它们当成一个整体来记忆。

There are 16 syllables can be recognized as one unit in Chinese Mandarin.

zhi chi shi ri zi ci si

yi wu yu ye yue yuan yin yun ying

(二) 听录音并跟读下列音节，注意拼写和声调

Listen to the recording and read. Pay attention to the spellings and tones

zhī 只	zhí 值	zhǐ 纸	zhì 至	
chī 吃	chí 持	chǐ 尺	chì 赤	
shī 诗	shí 石	shǐ 使	shì 事	rì 日
zī 资		zǐ 梓	zì 字	
cī 疵	cí 词	cǐ 此	cì 次	
sī 斯		sǐ 死	sì 四	
yī 一	yí 咦	yǐ 乙	yì 亿	
wū 屋	wú 无	wǔ 五	wù 物	
yū 瘀	yú 鱼	yǔ 雨	yù 玉	
yē 耶	yé 爷	yě 也	yè 页	

yuē	yuè		
约	月		
yuān	yuán	yuǎn	yuàn
渊	元	远	院
yīn	yín	yǐn	yìn
音	银	引	印
yūn	yún	yǔn	yùn
晕	云	允	运
yīng	yíng	yǐng	yìng
英	赢	影	硬

（三）听录音并跟读模仿

Listen to the recording and read

zhǐshì	zhīchí	shírì	zhíyè
指示	支持	十日	职业
yī zhí	shíwǔ	yuèyuán	yīnyùn
一直	十五	月圆	音韵
yuānyuán	shìyìng	yèwù	wǔyuè
渊源	适应	业务	五月
yīngchǐ	yè yú	zìcí	shíyī
英尺	业余	字词	十一

44. 音节拼写规则：y, w 的用法 Pinyin rules of y and w

(一) 拼音规则

Pinyin rules

i 行的韵母，前面没有声母的时候，写成：yi(衣)，ya(呀)，ye(耶)，yao(腰)，you(忧)，yan(烟)，yin(因)，yang(央)，ying(英)，yong(雍)。

u 行的韵母，前面没有声母的时候，写成：wu(乌)，wa(蛙)，wo(窝)，wai(歪)，wei(威)，wan(弯)，wen(温)，wang(汪)，weng(翁)。

When finals start with i, and there is no initials before them, we write as: yi(衣), ya(呀), ye(耶), yao(腰), you(忧), yan(烟), yin(因), yang(央), ying(英), yong(雍).

When finals start with u and there is no initials before them, we write as: wu(乌), wa(蛙), wo(窝), wai(歪), wei(威), wan(弯), wen(温), wang(汪), weng(翁).

(二) 听录音并跟读，注意 y, w 的用法

Listen to the recording and read. Pay attention to the usages of y and w

yóuyǒng	yǒuyì	yīnyuè	yuányīn
游 泳	友 谊	音 乐	原 因
qīngwā	yǐngxīng	yīngxióng	wēixiǎn
青 蛙	影 星	英 雄	危 险
guówài	xiāngyān	yǔyán	wǎngwǎng
国 外	香 烟	语 言	往 往
wǎnyàn	yéye	yíngyǎng	wǒmen
晚 宴	爷 爷	营 养	我 们

(三) 听录音，给听到的音节加上 y 或者 w

Listen to the recording and write down y or w for the syllables you hear

1. __ūhēi   2. __ēnnuǎn   3. __ěi __ǎn   4. __āng __áng

拼音规则

5. __ūrǎn　　6. tiào__ǔ　　7. __ī__uàn　　8. qì__ēn
9. __īng__ǔ　10. kě__ǐ　　11. __ánquán　12. shān__áng
13. __óujú　　14. xiǎo__ǔ　15. zuǒ__òu　　16. __í__èn

45. 音节拼写规则:隔音符号的用法
Pinyin rules of syllable split mark

(一) 拼音规则

Pinyin rules

a,o,e开头的音节连接在其他音节后面的时候,如果音节的界限发生混淆,用隔音符号(')隔开,例如pi'ao(皮袄)。

When the syllables started with a, o, e are used after other syllables, and the bounds of the two syllables are confused, we use " ' " between the two syllables to split them, for example: pí'ǎo(皮袄).

(二) 听录音并跟读,注意有无隔音符号的不同

Listen to the recording and read. Pay attention to the syllable split mark

piāo	pí'ǎo	xiān	Xī'ān
漂	皮袄	先	西安
jiē	jī'è	jiāng	jī'áng
接	饥饿	将	激昂
fānàn	fān'àn	fǎngǎn	fāng'àn
发难	翻案	反感	方案

46. 音节拼写规则:省写 Pinyin rules of ellipsis

(一) 拼音规则

Pinyin rules

iou, uei, uen 前面加声母的时候,写成:iu, ui, un。例如 niú(牛), guī(归), lùn(论)。

When iou, uei, uen preceded by the initials, written as iu, un, for example, niú, guī, lùn.

(二) 听录音并跟读,注意音节中的省写

Listen to the recording and read. Pay attention to the ellipsis in each syllable

xiūxi	wēixiǎn	lúnchuán	fǎngwèn
休息	危险	轮船	访问
yōuxiù	ángguì	liúyán	kāihuì
优秀	昂贵	留言	开会
lǐlùn	yóulún	Lúndūn	shīrùn
理论	油轮	伦敦	湿润
cánkuì	zūnzhòng	táozuì	wēnshùn
惭愧	尊重	陶醉	温顺

47. 音节拼写规则：标调法 Tone mark labeling

(一) 拼音规则

Pinyin rules

汉语拼音的声调必须标注在元音字母上。当一个韵母含有两个或者两个以上元音字母时，调号标注在开口度较大的那个元音字母上。调号标注的主要元音顺序为a, o, e, i, u, ü, 轻声音节不标。但iu是个例外，iu是iou的省略形式，所以声调标注在u上。

The tone marks in Chinese pinyin system should be put above the vowels. When a final consists of two or more vowels, the tone mark should be labeled above the vowels with wider openness, in the order of a, o, e, i, u and ü. There is no tone mark for a neutral tone.

However iu is an exception, iu is the abbreviation of iou, so the tone mark should be put above u.

(二) 读一读，记一记

Read and remember

Kànjiàn a mǔ bié fàngguò,
看 见 a 母 别 放 过,
Méiyǒu a mǔ zhǎo o, e.
没 有 a 母 找 o, e。
i, u bìngliè biāo zài hòu,
i, u 并 列 标 在 后,
Dān ge yùnmǔ bú yòng shuō.
单 个 韵 母 不 用 说。
i shang biāodiào diǎn bù gē.
i 上 标 调 点 不 搁。

拼音规则

（三）听录音给下列音节标注声调，注意声调的位置

Listen to the recording and write down the tone marks for each syllable. Pay attention to the positions of the tone marks

1. ayi   jiating   2. houhui   shuiping

3. lengmo   zuqiu   4. wanmei   shuoming

5. piqiu   pijiu   6. zhishi   suipian

7. renwei   yaoqiu   8. shengci   xiaochi

48. 音节拼写规则：大写 Pinyin rules of the capital letters

（一）拼音规则

Pinyin rules

大写的作用有两个：

Capital letters in Chinese pinyin are used in two ways:

一是表示句首，如句子开头的字母大写，诗歌每一行开头的字母大写。例如：

To express beginning of a sentence. The first letter of a sentence or the first letter of each line in a poem should be capitalized.

Zhè shì wǒ de shū.　这是我的书。

Qīngmíng shíjié yǔ fēnfēn.　清明时节雨纷纷。

二是表示特殊名称，如人名、地名等专有名词开头的字母大写。例如：

To express special names. In the names of a person or a place, the first letter should be capitalized.

Lǐ Huá　　　李华　　　　Zhūgě Kǒngmíng　诸葛孔明

Lǐ xiānsheng　李先生　　Shào xiǎojiě　邵小姐

Běijīng Shì　北京市　　　Huángpǔ Jiāng　黄浦江

Rénmín Rìbào　人民日报

（二）听录音并跟读，注意音节中的大写字母

Listen to the recording and read. Pay attention to the capital letters

Hànyǔ	Běijīng	Shànghǎi	Měiguó
汉语	北京	上海	美国
Mòxīgē	Mòsīkē	Lúndūn	Bālí
墨西哥	莫斯科	伦敦	巴黎
Zhāng xiānsheng	Lǐ tàitai	Wáng lǎoshī	
张先生	李太太	王老师	
Dàwèi Bèikèhànmǔ	Shǐmìsī	Luónà'ěrduō	
大卫·贝克汉姆	史密斯	罗纳尔多	

49. 单韵母ü和ü介音复元音韵母与j, q, x相拼的拼音规则
Pinyin rules of the combination of ü and j, q, x

（一）拼音规则 Pinyin rules

　　ü和ü开头的韵母跟声母j, q, x拼的时候，写成jū（居），qū（区），xū（虚），ü上两点也省略；但是跟声母l, n拼的时候，仍然写成lǚ（吕），nǚ（女）。

　　When the final ü, or the finals started with ü are combined with j, q, or x, the two dots on ü should be removed. When the final ü, or the finals started with ü are combined with l or n, the two dots on ü remain the same.

（二）听录音并跟读，注意ü的拼写与实际发音

Listen to the recording and read. Pay attention to the spelling and pronunciation of ü

ü	üe	üan	ün
ju	jue	juan	jun
qu	que	quan	qun
xu	xue	xuan	xun

（三）听录音并跟读，注意每个音节中"u"的实际发音

Listen to the recording and read. Pay attention to the pronunciation of u in each word

bànlǚ	jìxù	nǔlì	nǚxu
伴侣	继续	努力	女婿
shěnglüè	máquè	hùnluàn	yuánquān
省略	麻雀	混乱	圆圈
xuéxí	lǚxíng	lùxiàng	jùhuì
学习	旅行	录像	聚会
xūxīn	lúnchuán	yīngjùn	xuānchuán
虚心	轮船	英俊	宣传

汉语语音100点

(四) 读一读, 记一记

Read and remember

j, q, x,

j, q, x,

Xiǎo táoqì,
 小 淘气,

Jiàn le xiǎo diǎo jiù wā qù.
 见 了小 点 就挖去。

五、声 调
Tones

50. 怎么发好第一声和第四声?
How to pronounce the first tone and the fourth tone?

（一）发音要领，听录音并跟读

On pronunciation of the first and the fourth tones, listen to the recording and read

阴平（第一声）声带最紧，始终没有明显变化，保持高音。调值55，调形高平。

The most important vocal characteristics of the first tone is high and flat. When it is articulated, the vocal cords are tightened up and the pitch is kept at a relatively high level till the end of the pronunciation.

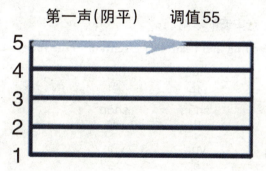

去声（第四声）声带从紧开始，然后完全放松。音高由高到低。调值51，调型高降，四声下降的速度很快。全调最短。

When the fourth tone is pronounced, the vocal cords are firstly tightened and then relaxed finally. The voice falls rapidly from the highest to the lowest level. The fourth tone is the shortest one of the four tones in Chinese Mandarin.

汉语语音100点

第四声(去声)　调值51

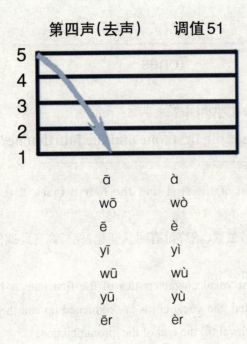

ā	à
wō	wò
ē	è
yī	yì
wū	wù
yū	yù
ēr	èr

(二) 听录音并跟读，注意声调的不同

Listen to the recording and read. Pay attention to the tones

bā 巴	bà 爸	huā 花	huà 画
zōu 邹	zòu 奏	shān 山	shàn 善
xīng 星	xìng 姓	yūn 晕	yùn 运
huāng 荒	huàng 晃	zāng 脏	zàng 葬

(三) 听录音，选择你听到的音节并跟读

Listen to the recording, choose and read the syllables you hear

1. piān 篇　piàn 片　　2. hān 憨　hàn 汉
3. yōu 优　yòu 又　　4. shōu 收　shòu 受

声　调

	mēng	mèng		qiāng	qiàng
5.	蒙	梦	6.	枪	呛
	juān	juàn		shāng	shàng
7.	捐	倦	8.	伤	上

（四）听录音，给你听到的音节标注声调并跟读

Listen to the recording and read, write down the tone marks you hear

	xiang	liang	huan	jun
1.	象	亮	欢	俊
	shui	sheng	hun	zui
2.	睡	生	婚	最
	zheng	que	xu	ju
3.	争	确	恤	居
	duan	lian	fei	zhui
4.	断	练	非	追
	shun	zuan	lan	xuan
5.	顺	钻	烂	绚

51. 怎么发好第二声和第三声?

How to pronounce the second tone and the third tone?

(一) 发音要领,听录音并跟读

On pronunciation of the second and the third tones, listen to the recording and read

阳平(第二声)声带从不松不紧开始,逐渐拉紧,到最紧为止。音高由不高不低升到最高。调值35,调型中升。实际起调较低,渐渐上升。

The second tone is a raising tone. It rises from the middle to the highest level while the vocal cords are gradually tightened up.

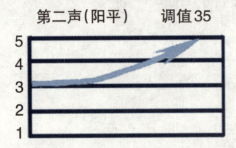

上声(第三声)声带从略微有些紧张开始,随即松弛,稍稍延长,最后快速略微收紧。音高由半低音降到低音,再升到半高音。调值214,调型降平升,是曲折调。音长最长。

The third tone is lower than the second tone, and it first falls to the lowest pitch, and then rises rapidly to the middle highest level. The third tone is the longest one of the four tones in Chinese Mandarin.

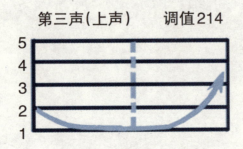

声 调

第二声和第三声最大的区别就在于音高的差别,二声较高,三声较低。

The most important vocal characteristics of the second tone and the third tone are that: the second tone is higher, but the third tone is lower.

á	ǎ
wó	wǒ
é	ě
yí	yǐ
wú	wǔ
yú	yǔ
ér	ěr

(二) 听录音并跟读,注意声调的不同

Listen to the recording and read. Pay attention to the tones

rén	rěn	shéng	shěng
人	忍	绳	省
chún	chǔn	mán	mǎn
纯	蠢	瞒	满
qiú	qiǔ	hóu	hǒu
球	糗	猴	吼
lóng	lǒng	cháng	chǎng
龙	垄	常	厂

(三) 听录音,选择你听到音节并跟读

Listen to the recording, choose and read the syllables you hear

1. chǒng 宠 / chóng 虫　　2. huǎn 缓 / huán 环
3. huǎng 谎 / huáng 黄　　4. láng 狼 / lǎng 朗
5. tuǐ 腿 / tuí 颓　　6. mái 埋 / mǎi 买

133

汉语语音100点

	méi	měi		qué	què
7.	没	美	8.	瘸	却

（四）听录音,给你听到的音节标注声调并跟读

Listen to the recording and read, write down the tone marks you hear

	shun	hui	man	yang
1.	吮	回	满	羊

	yuan	yuan	ya	gua
2.	园	远	牙	寡

	lun	yong	ying	hong
3.	轮	永	营	红

	bai	shui	cha	nai
4.	白	水	茶	奶

	lei	guang	fei	he
5.	垒	广	肥	和

（五）读一读,记一记

Read and remember

Shēngdiào Gē
声 调 歌

Yī shēng píng píng zuǒ dào yòu,
一 声 平 平 左 到 右,

Èrshēng cóng xià wǎng shàng chōng,
二 声 从 下 往 上 冲,

声 调

Sānshēng xià shàng xiàng ge gōu,
三 声 下 上 像 个 钩,

Sìshēng cóng shàng wǎng xià liū.
四 声 从 上 往 下 溜。

52. 双音节词的声调搭配：1＋1，1＋2
Tones of the two-syllable-word: 1＋1, 1＋2

（一）发音举例和调型特点

Listen to the recording and read. Try to remember the tone types

1＋1
kāfēi
咖啡

1＋2
gōngyuán
公园

（二）听录音并跟读模仿

Listen to the recording and read

yīntiān	xīnnián	yīshēng	yīxué
阴天	新年	医生	医学
kāixīn	huānyíng	chūntiān	Chūnjié
开心	欢迎	春天	春节
cānguān	zhōuwéi	cāntīng	jīngcháng
参观	周围	餐厅	经常
kāiguān	kāimén	shāngxīn	shāngrén
开关	开门	伤心	商人

（三）听录音，选择你听到的音节并跟读

Listen to the recording, choose and read the syllables you hear

1. xīnqíng / xīngkōng 心情 / 星空
2. wēnróu / wēnxīn 温柔 / 温馨
3. shīmián / chōuyān 失眠 / 抽烟
4. sījī / sīyí 司机 / 司仪

声 调

5. fāshāo 发 烧   tāngsháo 汤 勺   6. qiūtiān 秋 天   wénmíng 文 明

7. Zhōngwén 中 文   zhōngxīn 中 心   8. xiāngtōng 相 通   xiāngtóng 相 同

（四）听录音，给下列词语标注声调并跟读

Listen to the recording and read, write down the tone marks you hear

1. gongsi 公司   gongren 工 人   gongping 公 平   shenbian 身 边

2. youyang 悠 扬   shenpang 身 旁   congmang 匆 忙   qijian 期 间

3. jixing 机 型   xinqing 心 情   qingnian 青 年   shimian 失 眠

4. kaitong 开 通   Zhongdong 中 东   zhongnian 中 年   zhongjiu 终 究

53. 双音节词的声调搭配：1＋3，1＋4
Tones of the two-syllable-word: 1＋3, 1＋4

（一）发音举例和调型特点

Listen to the recording and read. Try to remember the tone types

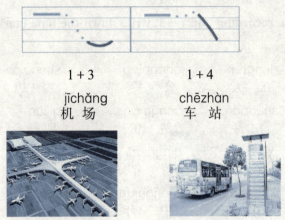

1＋3　　　　　1＋4
jīchǎng　　　chēzhàn
机　场　　　车　站

注意：在音节组合中，第三声的发音和单音节第三声的发音不同，是一个近似于211的低降调，音节的后半部分不再升高。

Note: When a third-tone syllable appears after syllables of the first, second, or the fourth tone, only the first half of third tone is pronounced, which means it pronounced as a low and falling tone, instead of a raising one.

（二）听录音并跟读模仿

Listen to the recording and read

shēntǐ	shēngdiào	chēchǎng	chēpiào
身体	声调	车场	车票
fēngjǐng	huājìng	cāochǎng	cāoliàn
风景	花镜	操场	操练
sīkǎo	xūyào	chōngmǎn	kōngqì
思考	需要	充满	空气
xiūgǎi	xiūkuì	gēqǔ	shēngqì
修改	羞愧	歌曲	生气

声 调

(三) 听录音,选择你听到的音节并跟读

Listen to the recording, choose and read the syllables you hear

1. shēnqǐng / jiūjìng 　　2. pī lì / xiū lǐ
   申 请　　 究 竟 　　 　霹 雳　　修 理

3. kāishǐ / chāoshì 　　　4. xiūjià / fēifǎ
   开 始　　 超 市 　　 　休 假　　非 法

5. yōuměi / jiāohuì 　　　6. lāchē / lākè
   优 美　　 交 汇 　　 　拉 车　　拉 客

7. gāngbǐ / gāoxìng 　　　8. chūxiàn / wēixiǎn
   钢 笔　　 高 兴 　　 　出 现　　危 险

(四) 听录音,给下列词语标注声调并跟读

Listen to the recording and read, write down the tone marks you hear

1. gongli / gongli / gongyan / gongzheng
   公 里　 功 力 　 公 演 　　公 正

2. jinwan / jinye / jiben / jijin
   今 晚　 今 夜 　基 本 　　激 进

3. fengfu / ganjing / jihui / fangfa
   丰 富　 干 净 　机 会 　　方 法

4. gangbi / jianbang / shoukan / fazhan
   钢 笔　 肩 膀 　收 看 　　发 展

54. 双音节词的声调搭配：2+1, 2+2
Tones of the two-syllable-word: 2+1, 2+2

（一）发音举例和调型特点

Listen to the recording and read. Try to remember the tone types

2+1	2+2
shíjiān	yínháng
时 间	银 行

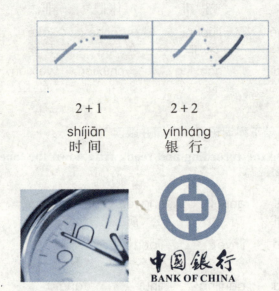

（二）听录音并跟读模仿

Listen to the recording and read

míngxīng	míngrén	fángjiān	lóufáng
明 星	名 人	房 间	楼 房
huíjiā	láihuí	nóngcūn	nóngmín
回 家	来 回	农 村	农 民
shífēn	shítáng	shíjiān	chángcháng
十 分	食 堂	时 间	常 常
niánqīng	niánlíng	míngtiān	míngnián
年 轻	年 龄	明 天	明 年

声 调

(三) 听录音,选择你听到的音节并跟读

Listen to the recording, choose and read the syllables you hear

1. Hángzhōu 杭州　　mínháng 民航　　2. píng'ān 平安　　píngfán 平凡

3. héliú 河流　　zuótiān 昨天　　4. hóngchá 红茶　　hónghuā 红花

5. báitiān 白天　　báibái 白白　　6. chéngrén 成人　　chénggōng 成功

7. jíjiāng 即将　　zúqiú 足球　　8. jígé 及格　　jízhōng 集中

(四) 听录音,给下列词语标注声调并跟读

Listen to the recording and read, write down the tone marks you hear

1. shizhuang 时装　　shichang 时常　　shiji 时机　　shimao 时髦

2. guojia 国家　　qiantian 前天　　lanqiu 篮球　　qiuxing 球星

3. cengjing 曾经　　chongfeng 重逢　　fanmang 繁忙　　congqian 从前

4. likai 离开　　libie 离别　　tibao 提包　　tigao 提高

55. 双音节词的声调搭配：2+3，2+4
Tones of the two-syllable-word: 2+3, 2+4

（一）发音举例和调型特点

Listen to the recording and read. Try to remember the tone types

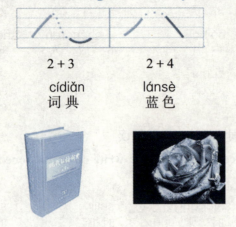

2+3　　　　2+4

cídiǎn　　　lánsè
词 典　　　 蓝 色

（二）听录音，并跟读模仿

Listen to the recording and read

| báijiǔ | báisè | píjiǔ | píkù |
| 白 酒 | 白 色 | 啤 酒 | 皮 裤 |

| cháguǎn | cháyè | niúnǎi | niúròu |
| 茶 馆 | 茶 叶 | 牛 奶 | 牛 肉 |

| píngguǒ | píngjià | tiáozhěng | hánjià |
| 苹 果 | 评 价 | 调 整 | 寒 假 |

| wánměi | báifà | yóuyǒng | liúyòng |
| 完 美 | 白 发 | 游 泳 | 留 用 |

（三）听录音，选择你听到的音节并跟读

Listen to the recording, choose and read the syllables you hear

1. tángguǒ　chéngkè　　2. bóshì　　jíshǐ
　 糖 果　　乘 客　　　　 博 士　　即 使

3. xúnzhǎo　xúnmì　　　4. quántǐ　　quánmiàn
　 寻 找　　寻 觅　　　　 全 体　　　全 面

5. héshì 合适	méiyǒu 没有	6. ménkǒu 门口	ménhòu 门后
7. érqiě 而且	érhòu 而后	8. quántǐ 全体	quánmiàn 全面

（四）听录音，给下列词语标注声调并跟读

Listen to the recording and read, write down the tone marks you hear

1. cunfang 存放	cidai 磁带	Cihai 辞海	congci 从此
2. congshi 从事	qiuchang 球场	qiusai 球赛	tonghua 童话
3. baicai 白菜	feipang 肥胖	chengzhang 成长	chengjiu 成就
4. cunzai 存在	chengji 成绩	xuewen 学问	xuezhang 学长

56. 双音节词的声调搭配:3+1,3+2
Tones of the two-syllable-word: 3+1, 3+2

(一) 发音举例和调型特点

Listen to the recording and read. Try to remember the tone types

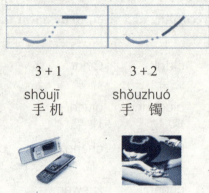

3+1   3+2

shǒujī   shǒuzhuó
手机   手镯

(二) 听录音并跟读模仿

Listen to the recording and read

lǎoshī	yǒushí	hǎibiān	hǎimián
老师	有时	海边	海绵
shǒudū	dǔbó	jiětuō	jiějué
首都	赌博	解脱	解决
gǎnjī	gǎnjí	yǔyīn	yǔyán
感激	赶集	语音	语言
zhěngtiān	zhěngnián	jǔjiā	jǔxíng
整天	整年	举家	举行

(三) 听录音,选择你听到的音节并跟读

Listen to the recording, choose and read the syllables you hear

	huǒchē	huǒshí		shuǐjīng	shǒuqiāng
1.	火车	伙食	2.	水晶	手枪
	shǒumén	zǒngfēn		bǐnggān	běnnéng
3.	守门	总分	4.	饼干	本能
	xiǎohái	xiǎoxīn		gǎnjué	gǎn'ēn
5.	小孩	小心	6.	感觉	感恩

声 调

	huǎnghū	fǎngfú		guǎngbō	guǎngbó
7.	恍 惚	仿 佛	8.	广 播	广 博

(四) 听录音,给下列词语标注声调并跟读

Listen to the recording and read, write down the tone marks you hear

	juxing	lüxing	kache	xiaoshi
1.	举行	旅行	卡车	小时
	jianzhi	zhanchu	shouxian	shouxi
2.	简直	展出	首先	首席
	zongzhi	zongzhi	qingqiu	wanqiu
3.	总之	总值	请求	晚秋
	qichuang	jiancha	yingxing	youming
4.	起床	检查	影星	有名

57. 双音节词的声调搭配：3+3, 3+4
Tones of the two-syllable-word: 3+3, 3+4

（一）发音举例和调型特点

Listen to the recording and read. Try to remember the tone types

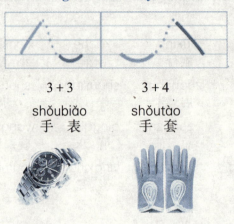

3+3　　　　3+4
shǒubiǎo　　shǒutào
手　表　　　手　套

· 注意：当两个第三声音节连读时，第一个音节变为第二声，3+3变为2+3。比如"你"nǐ+"好"hǎo变为"níhǎo"。

Note: When two adjacent syllables both carry third tones, the first syllable must be pronounced as second tone. For example: "你"nǐ+"好"hǎo must be pronounced as "níhǎo".

（二）听录音并跟读模仿

Listen to the recording and read

shǒuzhǐ	shǒushù	yǔsǎn	yǔzhòu
手 指	手 术	雨 伞	宇 宙
biǎojiě	biǎoshì	biǎoyǎn	biǎoxiàn
表 姐	表 示	表 演	表 现
yǒngyuǎn	yǒngxiàn	yǔnxǔ	yǒuqù
永 远	涌 现	允 许	有 趣
lǐngdǎo	lǐngxiù	shuǐguǒ	shuǐgòu
领 导	领 袖	水 果	水 垢

声 调

(三) 听录音,选择你听到的音节并跟读

Listen to the recording, choose and read the syllables you hear

1. kǒngpà 恐怕　　kěyǐ 可以　　2. kǎoshì 考试　　kěchǐ 可耻

3. xǐzǎo 洗澡　　bǐjiào 比较　　4. hěnhǎo 很好　　xǐhào 喜好

5. gǎnmào 感冒　　gǎnjǐn 赶紧　　6. dǎsǎn 打伞　　dǎsuàn 打算

7. liǎojiě 了解　　liǎoduàn 了断　　8. hǒujiào 吼叫　　fǔdǎo 辅导

(四) 听录音,给下列词语标注声调并跟读

Listen to the recording and read, write down the tone marks you hear

1. yingxiang 影响　　yingxiang 影像　　dasao 打扫　　baoxian 保险

2. haiwai 海外　　baohu 保护　　youhao 友好　　kekou 可口

3. fangwen 访问　　wangwang 往往　　suoyi 所以　　shouyi 手艺

4. haojiu 好酒　　haoyou 好友　　haokan 好看　　fandui 反对

58. 双音节词的声调搭配：4 + 1, 4 + 2
Tones of the two-syllable-word: 4 + 1, 4 + 2

(一) 发音举例和调型特点

Listen to the recording and read. Try to remember the tone types

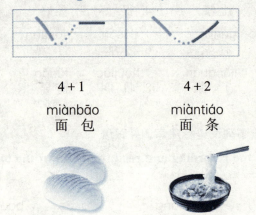

4 + 1	4 + 2
miànbāo	miàntiáo
面 包	面 条

(二) 听录音并跟读模仿

Listen to the recording and read

dì yī	dìmíng	xiàtiān	xiàchén
第一	地名	夏天	下沉
bàntiān	bàinián	dòngxīn	dòngrén
半天	拜年	动心	动人
lùyīn	lùrén	hùxiāng	bùliáng
录音	路人	互相	不良
jiànjiē	jùjué	diàndēng	diànchí
间接	拒绝	电灯	电池

(三) 听录音，选择你听到的音节并跟读

Listen to the recording, choose and read the syllables you hear

1. xiàtiān / qùnián　　2. dàrén / dàyī
   夏天　去年　　　　大人　大衣

3. duìfāng / tóngháng　　4. mùqián / jiǔqiān
   对方　同行　　　　目前　九千

声 调

	yùzhī	yùxí		shèngkāi	Shěnyáng
5.	预知	预习	6.	盛 开	沈 阳
	qìgōng	qìliú		dàjiā	dàxué
7.	气 功	气 流	8.	大 家	大 学

（四）听录音，给下列词语标注声调并跟读

Listen to the recording and read, write down the tone marks you hear

	houtian	hounian	houmen	houbian
1.	后天	后年	后门	后边
	fuze	fangxin	neirong	fuza
2.	负责	放心	内容	复杂
	yonggong	yunxing	yongxin	kewen
3.	用功	运行	用心	课文
	qiche	huxiang	fuxi	muqian
4.	汽车	互相	复习	目前

59. 双音节词的声调搭配：4 + 3, 4 + 4
Tones of the two-syllable-word: 4 + 3, 4 + 4

（一）发音举例和调型特点

Listen to the recording and read. Try to remember the tone types

4 + 3	4 + 4
diànnǎo	diànhuà
电 脑	电 话

（二）听录音并跟读模仿

Listen to the recording and read

huàbǐ	huàmiàn	shùnshǒu	shùnbiàn
画笔	画面	顺手	顺便
zìdiǎn	shèngdiàn	hòuhuǐ	hòupà
字典	圣殿	后悔	后怕
Hànyǔ	kànjiàn	bèiyǐng	mèilì
汉语	看见	背影	魅力
lìshǐ	lìzhì	zhòngdiǎn	duànliàn
历史	立志	重点	锻炼

（三）听录音，选择你听到的音节并跟读

Listen to the recording, choose and read the syllables you hear

	gèzhǒng	dàzhòng		fàndiàn	huànxiǎng
1.	各种	大众	2.	饭店	幻想
	dàshǐ	dàgài		fàngjià	huòzhě
3.	大使	大概	4.	放假	或者

声 调

	fùjìn	bǐjì		bànfǎ	biànhuà
5.	附近	笔记	6.	办法	变化

	dànshì	dàibiǎo		diànyǐng	zhòngyào
7.	但是	代表	8.	电影	重要

(四) 听录音, 给下列词语标注声调并跟读

Listen to the recording and read, write down the tone marks you hear

	yundong	yingyong	yongfa	fukuan
1.	运动	应用	用法	付款

	banlu	ruwu	cuowu	keshou
2.	半路	入伍	错误	恪守

	qishui	qishui	qili	ganbu
3.	契税	汽水	气力	干部

	shuijiao	shengli	jimo	huozhe
4.	睡觉	胜利	寂寞	或者

60. 汉语的轻声（1）Neutral tone (1)

（一）轻声知识介绍

Instruction on the neutral tone

汉语中除了四声以外，还有一个读得又短又轻的声调，叫做"轻声"。在说话时，轻声音节的音高是由前一个音节的音高决定的。第一声后边的轻声是半低的轻声音节，第二声后边的轻声音高居中，第三声后边的轻声是半高的轻声音节，而第四声后边的轻声音节的音高较低。轻声的读法，一般来说是在第一声、第二声、第四声后面读的调子比前一个音节要低，而第三声后面的轻声比前面的音节要高一些。

In Chinese Mandarin, some of the syllables are pronounced both shortly and lightly. This is called neutral tone. There is no tone mark for this kind of syllables. The pitch of a neutral tone varies according to the tone of the syllable that comes before it.Generally, when a neutral comes after a first, second, or fourth tone, its pitch is relatively lower than the tone before it. While when it comes after a third tone, its pitch becomes relatively higher.

第一声 + 轻声	第二声 + 轻声	第三声 + 轻声	第四声 + 轻声
māma	yéye	jiějie	dìdi
妈妈	爷爷	姐姐	弟弟

声　调

（二）听录音并跟读模仿

Listen to the recording and read

zhuōzi	fángzi	yǐzi	guìzi
桌子	房子	椅子	柜子
tāmen	rénmen	wǒmen	jìngzi
他们	人们	我们	镜子
yīfu	sháozi	sǎngzi	yàngzi
衣服	勺子	嗓子	样子
xiānsheng	zánmen	wǎnshang	piàoliang
先生	咱们	晚上	漂亮

（三）听录音，找出每组中声调不同的那个词

Listen to the recording, choose the word with different tone in each group

1. xièxie　　zhàngfu　　zǎoshang
   谢谢　　　丈夫　　　早上
2. pánzi　　rènao　　píngzi
   盘子　　　热闹　　　瓶子
3. jùzi　　dānzi　　bèizi
   句子　　　单子　　　被子
4. mǎhu　　shítou　　xuésheng
   马虎　　　石头　　　学生

（四）听录音，给下列词语标注声调并跟读

Listen to the recording and read, write down the tone marks you hear

1. shitou　　zhongzi　　gege　　fengzheng
   石头　　　种子　　　哥哥　　风筝
2. guniang　　difang　　chuanghu　　ganjing
   姑娘　　　地方　　　窗户　　　干净
3. taiyang　　yueliang　　duiwu　　piqi
   太阳　　　月亮　　　队伍　　　脾气

汉语语音100点

	shengzi	chanzi	dating	shetou
4.	绳 子	铲 子	打听	舌 头

（五）试一试：听下面的儿歌，注意轻声音节的发音

Can you try?

Listen to the nursery rhymes and read. Pay attention the neutral tones

Sūn Hóuzi
孙 猴子

Sūn hóuzi,
孙 猴子，

Wǔ bàngzi,
舞 棒 子，

Duǒ jìn táoshù yè lǐ chī táozi.
躲进 桃树 叶里吃 桃子。

Tūrán dǎ lái yì gānzi,
突然 打 来 一 杆子，

Xiǎnxiē dǎ huài le hóu bízi.
险 些 打 坏 了 猴 鼻子。

Sūn hóuzi,
孙 猴子，

Shuā de xiǎnchū hóu shēnzi,
刷 地 显出 猴 身子，

Qì de dèng dà le yǎnzhūzi :
气得 瞪 大了 眼珠子：

Yuánlái shì xiānnǚ zài shùxià xún táozi.
原来 是 仙女 在 树下 寻 桃子。

61. 汉语的轻声(2)词汇轻声 Neutral tone (2)

一部分轻声音节与词汇意义相关。

Some of the neutral tones are related to the meanings of the word.

(一) 听录音并跟读模仿

Listen to the recording and read

双音节重叠式的名词,末尾的音节大多念轻声。

The second syllables in reduplicated di-syllable nouns are pronounced as neutral tones.

māma	bàba	pópo	gōnggong	nǎinai
妈妈	爸爸	婆婆	公 公	奶奶
yéye	lǎolao	shěnshen	shūshu	gūgu
爷爷	姥姥	婶 婶	叔叔	姑姑
jiějie	gēge	dìdi	mèimei	wáwa
姐姐	哥哥	弟弟	妹 妹	娃 娃
tàitai	xīngxing	jiùjiu	xīngxing	
太太	星 星	舅舅	猩 猩	

(二) 听录音并跟读模仿

Listen to the recording and read

以"子、头"为后缀的名词。

Nouns with "子" and "头" as the suffix, "子" and "头" are pronounced as a neutral tone.

húzi	táozi	lǐzi	qǔzi	wūzi
胡子	桃子	李子	曲子	屋子
wàzi	yàngzi	yuànzi	pàngzi	lǐngzi
袜子	样子	院子	胖 子	领子
pàntou	mántou	shétou	zhuàntou	zhàotou
盼 头	馒 头	舌 头	赚 头	兆 头
xiǎngtou	yùtou	mùtou	tiántou	shítou
想 头	芋头	木 头	甜 头	石 头

汉语语音100点

（三）听录音并跟读模仿

Listen to the recording and read

以"们"为后缀的表复数的人称代词或指人的名词性词语中。

Plural forms of the pronouns or the nouns with "们"，"们" is pronounced as a neutral tone.

nǐmen	wǒmen	tāmen	zánmen	rénmen
你们	我们	他们	咱们	人们

nǚshìmen	xiānshengmen	péngyoumen	háizimen
女士们	先生们	朋友们	孩子们

（四）听录音并跟读模仿

Listen to the recording and read

以"上、下、里"等为后缀，表示时间和方位意义的词语或词素，其后缀一般念轻声

Time words or nouns of locality with "上、下、里" as suffixes, "上、下、里" are pronounced as neutral tones.

zǎoshang	wǎnshang	qiángshang	shūshang	chēshang
早上	晚上	墙上	书上	车上

jiǎoxia	lóuxia	chēxia	dǐxia	dìxia
脚下	楼下	车下	底下	地下

wūli	xīnli	yèli	chǎngli	jiāli
屋里	心里	夜里	厂里	家里

（五）听录音并跟读模仿

Listen to the recording and read

以"头、面、边"为后缀构成的合成方位词，其后缀一般念做轻声。

Compound nouns of locality with "头、面、边"as suffixes, "头、面、边" are pronounced as neutral tones.

qiántou	hòutou	wàitou	xiàtou	shàngtou
前头	后头	外头	下头	上头

hòutou	lǐtou
后头	里头

声 调

qiánmian	hòumian	lǐmian	wàimian	cèmian
前 面	后 面	里 面	外 面	侧 面
wàibian	zuǒbian	xībian	běibian	qiánbian
外 边	左 边	西 边	北 边	前 边

lǐbian
里边

62. 汉语的轻声(3)语法轻声 Neutral tone (3)

除了和词语的词汇意义相关联以外，一些表达语法意义和结构的词需要读轻声。

Some of the neutral tones are related to the grammar and the structures of the words.

(一) 听录音并跟读模仿
Listen to the recording and read

语气助词"吗、呢、吧、啦"，动态助词"着、了、过"，结构助词"的、地、得"等，均念做轻声。

Particles of mood "吗、呢、吧、啦", particles of statement "着、了、过", and the particles of structure "的、地、得" are pronounced as neutral tones.

zǒu ma?	hǎo ma?	nǐ ne?	nǎr ne?
走 吗？	好 吗？	你 呢？	哪儿 呢？
téng ma?	zǒu ba?	tā ne?	nánshòu ma!
疼 吗？	走 吧？	她 呢？	难受 嘛！
kǔ ma?	yào ma?	wǒ ne?	chīwán la!
苦 吗？	要 吗？	我 呢？	吃完 啦！
chīguo	hēle	lèzhe	chuānde
吃 过	喝 了	乐 着	穿 的
kànguo	wánle	zǒuzhe	yòngde
看 过	完 了	走 着	用 的
zǒuguo	guòle	xiǎngzhe	chīde
走 过	过 了	想 着	吃 的
zǐ xìde kàn	kùn de bù xíng		měilì de gūniang
仔细地 看	困 得不 行		美丽的 姑 娘

(二) 听录音并跟读模仿
Listen to the recording and read

附着于中心词之后的趋向动词作补语时，念做轻声。若中心词与趋向动词之间插入了"不、得"时，"不、得"念做轻声，趋向动词一般改念原调。

Complements of direction are pronounced as neutral tones. If there are "不、得" between the verb and the complement, they are pronounced as neutral tones, while the complement remains the original tone.

qǐlai   kàn chūlai   ná chūlai   kànshang   shuō chūlai
起来   看 出来   拿 出来   看 上   说 出来

qǐ bu lái   kàn bu chū   shuō bu chūlái   ná de chūlái   kàn de shàng
起不来   看 不 出   说 不 出 来   拿 得 出 来   看 得 上

ná bu chūlái   kàn bu shàng   qǐ de lái   kàn de chū
拿 不 出 来   看 不 上   起 得 来   看 得 出

shuō de chūlái
说 得 出 来

（三）听录音并跟读模仿

Listen to the recording and read

重叠动词连用时，重叠的音节念做轻声；若重叠连用的动词中间插入了"一"时，"一"念轻声，重叠音节念原调。

In the reduplication of verbs, the second syllable is pronounced as a neutral tone. If "一" is added in the middle, "一" will be pronounced as a neutral tone and the reduplicated syllable remains the original tone.

zǒuzou   kànkan   shuōshuo   xiàoxiao   guàngguang
走走   看看   说说   笑笑   逛逛

zǒu yi zǒu   kàn yi kàn   guàng yi guàng
走一走   看一看   逛一逛

63. 汉语的轻声(4)轻声的辨义作用 Neutral tone (4)

（一）听录音并跟读模仿
Listen to the recording and read

部分词语中读轻声的音节具有分辨词义、词性的作用。该音节若读原调，则词义有所改变。

In Chinese Mandarin, some of the syllables may carry both the non-neutral tone and the neutral, but when the neutral returns to its original tone, the meaning of the word changes as well.

老子 lǎo·zi—Lǎozǐ

孙子 sūn·zi—Sūnzǐ

龙头 lóng·tou—lóngtóu

地道 dì·dao—dìdào

声 调

（二）听录音并跟读，注意轻声音节的读法

Listen to the recording and read. Pay attention to the neutral tones

兄弟 xiōng·di—xiōngdì　　买卖 mǎi·mai—mǎimài
多少 duō·shao—duōshǎo　　冷战 lěng·zhan—lěngzhàn
大意 dàyi—dàyì　　　　　　利害 lì·hai—lìhài
裁缝 cái·feng—cáiféng　　实在 shí·zai—shízài
大爷 dà·ye—dàyé　　　　　本事 běn·shi—běnshì
对头 duì·tou—duìtóu　　　东家 dōng·jia—dōngjiā
犯人 fàn·ren—fànrén　　　门道 mén·dao—méndào

（三）听录音，找出每组中有轻声音节的词

Listen to the recording, find the word with a neutral tone in each group

	ā'yí	gūgu	biǎomèi
1.	阿姨	姑姑	表妹
	tiānshang	tiānrán	měitiān
2.	天上	天然	每天
	zháojí	chénzhuó	tīngzhe
3.	着急	沉着	听着
	mànmān	jiànjiàn	kànkan
4.	慢慢	渐渐	看看
	xīngqīyī	dìyī	suàn yi suàn
5.	星期一	第一	算一算
	mùdì	dīshì	wǒ de
6.	目的	的士	我的

汉语语音100点

(四) 试一试：听下面的儿歌并跟读，注意轻声音节的发音

Can you try? Listen to the nursery rhymes and read. Pay attention the neutral tones

Zuò Zǎocāo
做 早 操

Xiǎo péngyou men zǎoshang hǎo,
小 朋 友 们 早 上 好，

Wǒmen yìqǐ zuò zǎocāo.
我 们 一 起 做 早 操。

Shēn shen gēbo, tī ti tuǐ,
伸 伸 胳 膊，踢 踢 腿，

Yáo yao nǎodai, niǔ niu yāo.
摇 摇 脑 袋，扭 扭 腰。

Tiān tiān duànliàn yǒu jīngshen,
天 天 锻 炼 有 精 神，

Zǎo shuì zǎo qǐ shēntǐ hǎo.
早 睡 早 起 身 体 好。

64. 三音节词语的声调搭配 Tone style of the tri-syllable words

三字相连，一般是第三个字保持原调值，其他两个字的声调模式一般与二字调相同。

Generally, tones of the tri-syllable words are that the third syllable in the word keeps the original tone and the tone styles of the first two syllables are the same as the di-syllable words.

（一）第一声音节开头。听录音并跟读模仿，注意声调的变化

Tri–Syllables started with the first tone. Listen to the recording and read. Pay attention to the tones

xīngqī yī	Xībānyá	xīngqīwǔ	xīngqīrì
星期一	西班牙	星期五	星期日
yīxuéjiā	Bālírén	Bānámǎ	Jiānádà
医学家	巴黎人	巴拿马	加拿大
shūfǎjiā	wūshuǐchí	bālěiwǔ	shūfǎkè
书法家	污水池	芭蕾舞	书法课
yīnyuèjiā	Xīlàrén	Xīlàyǔ	yīnyuèkè
音乐家	希腊人	希腊语	音乐课

（二）第二声音节开头。听录音并跟读模仿，注意声调的变化

Tri-Syllables started with the second tone. Listen to the recording and read. Pay attention to the tones

yánjiūshēng	yánjiūyuán	yánjiūsuǒ	yánjiūyuàn
研究生	研究员	研究所	研究院
liánhé jī	Liánhéguó	liánhé tǐ	liánhéhuì
联合机	联合国	联合体	联合会
yóuyǒngyī	yóuyǒngchí	yóuyǒngguǎn	yóuyǒngmào
游泳衣	游泳池	游泳馆	游泳帽
Guówùqīng	Guóqìngjié	Guójì fǎ	Guówùyuàn
国务卿	国庆节	国际法	国务院

汉语语音100点

（三）第三声音节开头。听录音并跟读模仿，注意声调的变化

Tri-Syllables started with the third tone. Listen to the recording and read. Pay attention to the tones

pǔtōngbīng	pǔtōngrén	fǎngzhīpǐn	huǒchēpiào
普通兵	普通人	纺织品	火车票
lǎoniánbān	lǎoniánrén	lǎoniánzǔ	lǎoniánbìng
老年斑	老年人	老年组	老年病
biǎoyǎnjiā	xiǎo yǎnyuán	biǎoyǎnzhě	yǎnchànghuì
表演家	小演员	表演者	演唱会
měishùjiā	bǎohùrén	měishùshǐ	měishùhuà
美术家	保护人	美术史	美术化

（四）第四声音节开头。听录音并跟读模仿，注意声调的变化

Tri-Syllables started with the fourth tone. Listen to the recording and read. Pay attention to the tones

lùyīnjī	lùyīnpéng	lùyīnbǐ	lùyīndài
录音机	录音棚	录音笔	录音带
zìráncūn	zìránrén	zìránměi	zìránjiè
自然村	自然人	自然美	自然界
zuì hǎotīng	zuì yǒumíng	zuì yǒuhǎo	zuì hǎokàn
最好听	最有名	最友好	最好看
Shìjièbēi	shìjiè rén	kàn diànyǐng	kàn diànshì
世界杯	世界人	看电影	看电视

（五）听录音，给下列三音节词语标注声调并跟读

Listen to the recording and read, write down the tones you hear

	Shijiazhuang	Mosike	xingqiwu	dianshiji
1.	石家庄	莫斯科	星期五	电视机
	xiyiji	yizhangdui	shuidianfei	wuhuarou
2.	洗衣机	仪仗队	水电费	五花肉
	lüchafen	jidantang	xilanhua	hamigua
3.	绿茶粉	鸡蛋汤	西兰花	哈密瓜

65. 三个三声相连的读法

Pronunciations of the words with three third tone syllables

（一）听录音并跟读，注意三声音节的读音

Listen to the recording and read. Pay attention the third tones

在"三字调"中需要注意的是上声（三声）变调。三个三声音节连在一起的变调规律如下：

Pronunciations on the words with three third tone syllables are as follows:

1. 语音停顿前的三声音节保持原调不变，即最后一个三声音节不变调，前两个音节读第二声。

The last syllable remains the original tone, and the front two syllables are pronounced as the second tone.

2+1 一般读：二声+二声+三声

zhǎnlǎnguǎn　　Měngguyǔ　　shǒuxiětǐ
展 览 馆　　　　蒙 古 语　　　手 写 体

xǐliǎn shuǐ　　　lěngshuǐzǎo　jiǔbǎiwǔ
洗 脸 水　　　　冷 水 澡　　　九 百 五

2. 三个三声相连，后两个音节为一个词时，第一个音节读半三声，第二个音节读二声，最后一个音节不变调。

If the second and third syllables form one word, the first syllable is pronounced as the semi-third tone, the second syllable is pronounced as the second tone and the third syllable remains the original tone.

1+2 一般读：半三声+二声+三声

hǎo lǐngdǎo　　lǎo chǎngzhǎng　xiǎo yǔsǎn
好 领 导　　　　老 厂 长　　　　小 雨 伞

yǒu lǐxiǎng　　hěn yǒnggǎn　　mǎi gǎnlǎn
有 理 想　　　　很 勇 敢　　　　买 橄 榄

汉语语音100点

(二) 听录音并跟读，注意第三声的变化

Listen to the recording and read. Pay attention to the changes of the third tone

mǎi shǒubiǎo	zhǎo fǔdǎo	wǔbǎiwǔ	hǎo xiǎng nǐ
买 手 表	找 辅 导	五 百 五	好 想 你
xiǎo lǎoshǔ	xiǎo lǎohǔ	yǒudiǎnr lěng	wǒ hěn hǎo
小 老 鼠	小 老 虎	有 点 儿 冷	我 很 好

声 调

66. 含有轻声音节的三音节词语
Pronunciations of tri-syllable words with a neutral tone

(一) A + A + 轻声。听录音并跟读模仿，注意轻声音节的读音

A + A + neutral tone. Listen to the recording and read. Pay attention to the neutral tones

| xīn yī fu | xīn fángzi | xīn tǎnzi | xīn guìzi |
| 新衣服 | 新房子 | 新毯子 | 新柜子 |

méi guānxi　　méi huíqu　　méi mǎi ne　　méi shuì ne
没关系　　　没回去　　　没买呢　　　没睡呢

xiǎoshūzi　　xiǎoháizi　　xiǎohuǒzi　　xiǎojiù zi
小叔子　　　小孩子　　　小伙子　　　小舅子

wàisūnnu　　huàn míngzi　　zuò mǎimai　　kuài jìnqu
外孙女　　　换名字　　　　做买卖　　　快进去

(二) A + 轻声 + A。听录音并跟读模仿，注意轻声音节的读音

A + neutral tone + A. Listen to the recording and read. Pay attention to the neutral tones

chī bu chī　　lái bu lái　　hǎo bu hǎo　　yào bu yào
吃不吃　　　来不来　　　好不好　　　要不要

xíng de tōng　　xíng bu xíng　　qiáo bu qǐ　　huí bu qù
行得通　　　　行不行　　　　瞧不起　　　回不去

xiǎng bu kāi　　shě bu dé　　liǎobuqǐ　　mǎi bu dào
想不开　　　　舍不得　　　了不起　　　买不到

chàbuduō　　qù bu chéng　　zhù de qǐ　　shì yi shì
差不多　　　去不成　　　　住得起　　　试一试

(三) A + 轻声 + 轻声。听录音并跟读模仿，注意轻声音节的读音

A + neutral tone + neutral tone. Listen to the recording and read. Pay attention to the neutral tones

shuō chuqu　　ná huilai　　mǎi huiqu　　zhù xialai
说出去　　　　拿回来　　　买回去　　　住下来

xiānsheng men　　háizi men　　jiějie men　　tàitai men
先生们　　　　　孩子们　　　姐姐们　　　太太们

167

shuō bu de	shénme de	měi zhe ne	rè zhe ne
说不得	什么的	美着呢	热着呢
nǐ de ne	bái de ma	xiě zhe ma	lèi zhe ne
你的呢	白的吗	写着吗	累着呢

（四）听录音，给下列词语标注声调并找出每个词中读轻声的音节

Listen to the recording, write down the tones you hear and find out the neutral tones in each word

	gushi shu	laoshi ren	jiejie de	kan yi kan
1.	故事书	老实人	姐姐的	看一看
	xiang bu xiang	xiao pengyou	huilai ba	shenme fan
2.	想不想	小朋友	回来吧	什么饭
	hushizhang	qian hetong	chi putao	mai shiliu
3.	护士长	签合同	吃葡萄	买石榴

（五）试一试：听下面的儿歌并跟读，注意轻声音节的发音

Can you try? Listen to the nursery rhymes and read. Pay attention to the neutral tones

Xiǎo Jìngzi
小镜子

Xiǎo jìngzi, yuán yòu yuán,
小镜子，圆又圆，
Kàn bǎobao, lòu xiàoliǎn,
看宝宝，露笑脸，
Bìshang yǎn, zuò ge mèng,
闭上眼，做个梦，
Biàn yuèliang, guà shàng tiān.
变月亮，挂上天。

镜子看着宝宝笑

六、音 变
The Sandhi in Chinese Phonetics

67. "一"的变调 The tone sandhi of "一"

(一) 变调规则

Rules of the tone changes

1. 单用或表示数字时读一声原调

When "一" is used alone or at the end of the sentence, or as a numeral, it is pronounced as the first tone.

　　第一 dìyī　　一二三 yīèrsān　　星期一 xīngqīyī　　十一 shíyī

　　百分之一 bǎifēnzhīyī

2. 在第四声前变成第二声

"一" changes to the second tone when used before the fourth tone.

　　一定 yídìng　　一致 yízhì　　一切 yíqiè　　一块 yíkuài

3. 第一、二、三声前第四声

"一" changes to the fourth tone when used before the first, second or third tones, it is pronounced other than the fourth tone.

　　一张 yìzhāng　　一条 yìtiáo　　一种 yìzhǒng

4. 在重叠动词中间变轻声

"一" changes to the neutral tone when used in the middle of the reduplication of verbs.

　　听一听 tīng yi tīng　　尝一尝 cháng yi cháng

　　等一等 děng yi děng　　看一看 kàn yi kàn

(二) 听录音并跟读模仿

Listen to the recording and read

yìtiān	yìnián	yìběn	yíwèi
一天	一年	一本	一位
yìfēn	yìpén	yìwǎn	yíjiàn
一分	一盆	一碗	一件

汉语语音100点

yì jiā	yìhuí	yìzhǒng	yífèn
一家	一回	一种	一份

yìzhāng	yìpíng	yì pǐ	yíxià
一张	一瓶	一匹	一下

（三）听录音并跟读模仿

Listen to the recording and read

xiǎng yi xiǎng	wén yi wén	dú yi dú	xiě yi xiě
想 一 想	闻 一 闻	读 一 读	写 一 写

zhǎo yi zhǎo	chá yi chá	tiào yi tiào	liàn yi liàn
找 一 找	查 一 查	跳 一 跳	练 一 练

（四）猜一猜：给左边的图片找到合适的量词，并给"一"标注声调

Can you guess?

Read and match. Pay attention to the measure word for each noun and write down the tones of "一"

mǎ   yizhāng
马   一 张

niú   yijiàn
牛   一 件

yī fu   yi ge
衣服   一 个

音 变

píjiǔ　　　　　　yìpǐ
啤酒　　　　　　一匹

miànbāo　　　　yìtóu
面包　　　　　　一头

bàozhǐ　　　　　yìpíng
报纸　　　　　　一瓶

68. "不"的变调 The tone sandhi of "不"

（一）变调规则

Rules of the tone changes

1. 在第四声前变第二声

"不" changes to the second tone when used before the fourth tone.

不会 bú huì   不但 búdàn   不去 bú qù   不看 bú kàn

2. 在第一二三声前不变调

"不" remains the fourth tone when used before the first, second or third tones, it is pronounced other than the fourth tone.

不吃 bù chī   不行 bù xíng   不好 bù hǎo
不喝 bù hē   不能 bù néng   不想 bù xiǎng

3. 夹在是非问中变轻声

"不" changes to the neutral tone when used in an affirmative-neagative question.

去不去 qù bu qù   黑不黑 hēi bu hēi

应该不应该 yīnggāi bu yīnggāi

4. 夹在动词和补语之间变轻声

"不" changes to the neutral tone when used between the verb and the complement.

看不清 kàn bu qīng   起不来 qǐ bu lái
买不起 mǎi bu qǐ   学不会 xué bu huì

（二）听录音并跟读模仿

Listen to the recording and read

bù shuō	bù duō	bù hēi	bù tīng
不 说	不 多	不 黑	不 听
bù néng	bù xíng	bù máng	bù tíng
不 能	不 行	不 忙	不 停
bù hào	bù mǎi	bù měi	bù xiǎng
不 好	不 买	不 美	不 想

音 变

bú shi	bú yào	bú yòng	bú lèi
不 是	不 要	不 用	不 累

(三) 听录音并跟读模仿

Listen to the recording and read

shuō bu shuō	duō bu duō	hēi bu hēi	tīng bu tīng
说 不 说	多 不 多	黑 不 黑	听 不 听
néng bu néng	xíng bu xíng	máng bu máng	xiǎng bu xiǎng
能 不 能	行 不 行	忙 不 忙	想 不 想
shì bu shì	yào bu yào	yòng bu yòng	lèi bu lèi
是 不 是	要 不 要	用 不 用	累 不 累
kàn bu qīng	tīng bu dǒng	chī bu wán	shuì bu zháo
看 不 清	听 不 懂	吃 不 完	睡 不 着

(四) 听录音,给下列成语中的"不"标注声调并跟读

Listen to the recording, write down and read the tones of "不" you hear

1. bu yī bu ráo bu kū bu nào   bu sān bu sì   bu gān bu jìng
   不 依 不 饶 不 哭 不 闹   不 三 不 四   不 干 不 净

2. bu yuǎn bu jìn bu shuō bu xiào   bu míng bu bái   bu dà bu xiǎo
   不 远 不 近 不 说 不 笑   不 明 不 白   不 大 不 小

3. bu yuǎn wàn lǐ   nìng sǐ bu qū   gāng zhí bu ē   wú suǒ bu néng
   不 远 万 里   宁 死 不 屈   刚 直 不 阿   无 所 不 能

69. 儿化 Retroflexion

（一）什么是儿化？听录音并跟读模仿

What is retroflexion? Listen to the recording and read

汉语中的"儿"有时候是一个独立音节，比如在"儿童、女儿、儿科"等词语中。但是在一些词中，"儿"长期与前面的音节连读，发生了音变，和前面的音节融合成为一个音节，失去了独立性，只保持了因卷舌动作而产生的卷舌音[r]。这个卷舌音附在前面音节的韵母上，使那个韵母发生了或多或少的变化，这种变化了的韵母叫"儿化韵"，这种音变现象叫"儿化"。书写时表示为"汉字+儿"，拼写时在该汉字的拼音后加"r"。

There is a retroflex final er in Chinese Mandarin. Generally it forms a syllable independently, like in értóng, nǚér, érkē. Sometimes er is also used as a suffix after another word, and the retroflexion is transformed to the final that comes before it, thus form one syllable. This phenomenon in Chinese Mandarin is called retroflexion.

huār
花儿

niǎor
鸟儿

diǎnr
点儿

guā zǐr
瓜子儿

（二）听录音并跟读模仿

Listen to the recording and read

jiānr	tóur	liǎnr	miànr
尖儿	头儿	脸儿	面儿
xīnr	rénr	nǎr	shìr
心儿	人儿	哪儿	事儿
xiānr	pír	zuǐr	xìnr
仙儿	皮儿	嘴儿	信儿
tiānr	qiúr	běnr	gùnr
天儿	球儿	本儿	棍儿

音 变

（三）听录音并跟读模仿

Listen to the recording and read

xiǎoháir	xiānhuār	xiǎogǒur	yǒushìr
小孩儿	鲜花儿	小狗儿	有事儿
zhàopiānr	měirénr	xiǎoqǔr	yīkuàir
照片儿	美人儿	小曲儿	一块儿
dànhuángr	huāpíngr	xiāngshuǐr	kòngdìr
蛋黄儿	花瓶儿	香水儿	空地儿
xìnfēngr	zuòwénr	shàngbānr	chōukòngr
信封儿	作文儿	上班儿	抽空儿

（四）听录音，找出每组中没有儿化韵的词语

Listen to the recording, choose the word without the retroflexion in each group

	nánháir	dōngbian	xiǎorénrshū
1.	男孩儿	东边	小人儿书
2.	xiǎowǎnr 小碗儿	pángbiānr 旁边儿	jiànmiàn 见面
3.	zháojí 着急	xiǎojīr 小鸡儿	xiǎomāor 小猫儿
4.	wányìr 玩意儿	zhǎochár 找茬儿	zhǎoqián 找钱
5.	yīquānr 一圈儿	fàjìr 发髻儿	yuánquān 圆圈
6.	yīdiǎnr 一点儿	wǔdiǎn 五点	yīhuìr 一会儿
7.	lìxià 立夏	yīxiàr 一下儿	dǎdǔnr 打盹儿
8.	jiǎozi xiànr 饺子馅儿	jiǎozipír 饺子皮儿	máopí 毛皮

70. 儿化的作用 The function of the retroflexion

有一部分的儿化词除了语音变化之外，还具有区别词义、区别词性和表达感情色彩的作用。

The function of the retroflexion is to distinguish the meaning of the word and the grammar terms and also to express the special feelings of the speaker.

（一）区别词义的作用。听录音并跟读模仿

To distinguish the meaning of the words. Listen to the recording and read

半天 bàntiān（很长时间）　　半天儿 bàntiānr（一天的一半）
面 miàn（面粉）　　　　　　面儿 miànr（细小的粉末）
眼 yǎn（眼睛）　　　　　　　眼儿 yǎnr（很小的孔）
黄 huáng（黄颜色）　　　　　黄儿 huángr（鸡蛋的蛋黄）
信 xìn（书信、信件）　　　　信儿 xìnr（消息）
头 tóu（人体的头部）　　　　头儿 tóur（领导、上司）

（二）区别词性的作用。听录音并跟读模仿

To distinguish the grammar items. Listen to the recording and read

尖 jiān（形容词，锋利）　　　尖儿 jiānr（名词，物体锋利的部分）
亮 liàng（形容词，明亮）　　　亮儿 liàngr（名词，光线）
盖 gài（动词）　　　　　　　盖儿 gàir（名词）
火 huǒ（名词）　　　　　　　火儿 huǒr（动词）

音 变

（三）表示一定的感情色彩，常常表示"小、喜爱"的意思。听录音并跟读模仿

To express the feelings of the speaker, which could be "small, cute or adorable". Listen to the recording and read

nǚháir	xiǎogǒur	jīnyúr	xiǎo Wángr
女孩儿	小狗儿	金鱼儿	小　王　儿
ěrchuír	bǎobèir	xióngmāor	máolǘr
耳垂儿	宝贝儿	熊　猫儿	毛驴儿

71. 儿化在不同韵尾后的音变 (1)
Retroflexion rules for different finals (1)

儿化音节拼写时，只在音节的基本形式后面加上"r"，但是"r"的实际发音由于前一个字音韵母的不同而有很大的区别。

When a retroflex syllable is written, we put "r" after the basic syllable, but the pronunciation of the retroflex syllable varies because of different finals.

（一）发音举例。听录音并跟读模仿

Listen to the recording and read

音节末尾是 a, o, e, u 的音节，儿化时主要元音基本不变，加卷舌动作。

When the finals or the tail finals end with a, o, e, u, the vowel remains the same pronunciation after retroflexion, and the tongue tip should be rolled up while pronouncing the vowel.

-a	那儿	nà+r	-ia	豆芽儿	yá+r
-ua	花儿	huā+r			
-o	泡沫儿	mò+r	-uo	大伙儿	huǒ+r
-ao	小勺儿	sháo+r	-iao	鸟儿	niǎo+r
-e	歌儿	gē+r	-ie	半截儿	jié+r
-üe	名角儿	jué+r			
-u	兔儿	tù+r	-ou	猴儿	hóu+r
-iu	蜗牛儿	niū+r			

（二）听录音并跟读，注意儿化的发音

Listen to the recording and read. Pay attention to the pronunciation of "儿"

dāobàr　　hàomǎr　　zài nǎr　　zhǎochár
刀把儿　　号码儿　　在哪儿　　找茬儿

音 变

diàojiàr 掉 价儿	dòuyár 豆 芽儿	yíxiàr 一下儿	nǎoguār 脑 瓜儿
máhuār 麻 花儿	dàguàr 大 褂儿	xiàohuar 笑 话儿	yáshuār 牙 刷儿
ěrmór 耳 膜儿	fěnmòr 粉 末儿	huǒguōr 火 锅儿	dàhuǒr 大 伙儿
xiǎoshuōr 小 说儿	bèiwōr 被 窝儿	kǒuzhàor 口 罩儿	tiàogāor 跳 高儿
huǒmiáor 火 苗儿	dòujiǎor 豆 角儿	pǎodiàor 跑 调儿	kāiqiàor 开 窍儿
chànggēr 唱 歌儿	bànjiér 半 截儿	xiǎoxiér 小 鞋儿	zhǔjuér 主 角儿
méipǔr 没 谱儿	yǒushùr 有 数儿	lèizhūr 泪 珠儿	xífur 媳妇儿
lǎotóur 老 头儿	xiǎochǒur 小 丑儿	zhuājiūr 抓 阄儿	miánqiúr 棉 球儿

72. 儿化在不同韵尾后的音变（2）
Retroflexion rules for different finals (2)

（一）发音举例。听录音并跟读模仿

Listen to the recording and read

韵母是 i、ü 的音节，儿化时保留 i、ü 加 [ə]。

When the final is a single i or ü, [ə] is added between the final and "r" while rolling up the tone tip.

-ü	有趣儿	qù+ə +r
-i	米粒儿	lì+ ə+r

（二）听录音并跟读，注意儿化的发音

Listen to the recording and read. Pay attention to the pronunciation of "儿"

máolǘr	xiǎoqǔr	tányúr	yǒuqùr
毛驴儿	小曲儿	痰盂儿	有趣儿
zhēnbír	diàndǐr	dùqír	wányìr
针鼻儿	垫底儿	肚脐儿	玩意儿

73. 儿化在不同韵尾后的音变 (3)
Retroflexion rules for different finals (3)

(一) 发音举例。听录音并跟读模仿

Listen to the recording and read

zhi, chi, shi, ri, zi, ci, si 儿化时, –i 变成 [ə]。

When zhi, chi, shi, ri, zi, ci, si are retroflexed, the original final i should be changed into [ə] while rolling up the tone tip.

zi	松子儿	zǐ 去i+ə+r	ci	没词儿	cí 去i+ə+r
si	铁丝儿	sī 去i+ə+r	zhi	果汁儿	zhī 去i+ə+r
chi	锯齿儿	chǐ 去i+ə+r	shi	有事儿	shì 去i+ə+r

(二) 听录音并跟读,注意儿化的发音

Listen to the recording and read. Pay attention to the pronunciation of "儿"

guāzǐr	shízǐr	méi cír	tiāo cìr
瓜子儿	石子儿	没词儿	挑刺儿
xìsīr	yúcìr	xiězìr	sānshír
细丝儿	鱼刺儿	写字儿	三十儿
tàocír	mòzhīr	jùchǐr	méishìr
套磁儿	墨汁儿	锯齿儿	没事儿

74. 儿化在不同韵尾后的音变（4）
Retroflexion rules for different finals (4)

（一）发音举例。听录音并跟读模仿
Listen to the recording and read

以 i 结尾的复韵母音节儿化时，i 变成 [ər]。

When the tail finals end up with i, i should be changed into [ər] while rolling up the tone tip.

| -ai | 瓶盖儿 | gài去i+ə+r | -ei | 老辈儿 | bèi去i+ə+r |
| -uai | 一块儿 | kuài去i+ə+r | -ui | 鸡腿儿 | tuǐ去i+ə+r |

（二）听录音并跟读，注意儿化的发音
Listen to the recording and read. Pay attention to the pronunciation of "儿"

xiédàir	húgàir	jiāsāir	xiǎoháir
鞋带儿	壶盖儿	加塞儿	小孩儿
dāobēir	mōhēir	yǒuwèir	xiǎobèir
刀背儿	摸黑儿	有味儿	小辈儿
pǎotuǐr	yīhuìr	ěrchuír	mòshuǐr
跑腿儿	一会儿	耳垂儿	墨水儿

75. 儿化在不同韵尾后的音变（5）
Retroflexion rules for different finals (5)

（一）发音举例。听录音并跟读模仿

Listen to the recording and read

以 –n 结尾的音节儿化拼写时，去 –n，前面的元音加卷舌动作。–in 儿化去掉–n后中间增加一个[ə]然后再儿化。

When the tail finals end up with –n, –n should be changed into [ə] while rolling up the tone tip.

–an	脸蛋儿	dàn去n+r	–ian	鼻尖儿	jiān去n+r
–uan	好玩儿	wán去n+r	–üan	花园儿	yuán去n+r
–en	有门儿	mén去n+r	–in	使劲儿	jìn去n+ər
–uen	冰棍儿	gun去n+r	–ün	短裙儿	qún去n+r

（二）听录音并跟读，注意儿化的发音

Listen to the recording and read. Pay attention to the pronunciation of "儿"

kuàibǎnr	suànbànr	lǎobànr	shōutānr
快板儿	蒜瓣儿	老伴儿	收摊儿
chàdiǎnr	shànmiànr	yáqiānr	xīnyǎnr
差点儿	扇面儿	牙签儿	心眼儿
cháguǎnr	huǒguànr	luòkuǎnr	guǎiwānr
茶馆儿	火罐儿	落款儿	拐弯儿
yānjuǎnr	shǒujuànr	rényuánr	ràoyuǎnr
烟卷儿	手绢儿	人缘儿	绕远儿
lǎoběnr	huāpénr	gēmenr	zǒushénr
老本儿	花盆儿	哥们儿	走神儿
yǒujìnr	fèijìnr	sòngxìnr	jiǎoyìnr
有劲儿	费劲儿	送信儿	脚印儿
dǎdǔnr	pàngdūnr	méizhǔnr	kāichūnr
打盹儿	胖墩儿	没准儿	开春儿
héqúnr	duǎnqúnr		
合群儿	短裙儿		

76. 儿化在不同韵尾后的音变（6）
Retroflexion rules for different finals (6)

（一）发音举例。听录音并跟读模仿

Listen to the recording and read

以 -ng 结尾的音节儿化拼写时，去掉 -ng，前面元音鼻化，同时卷舌。-ing 儿化 去掉 -ng 后中间增加一个 [ə] 音，鼻化后再儿化。

When the tail finals end up with -ng, -ng should be changed into [ə] and the main vowel should be nasalized while rolling up the tone tip.

-ang	帮忙儿	máng 去 ng + 鼻化+r	-iang	唱腔儿	qiāng 去 ng + 鼻化+r
-uang	蛋黄儿	huáng 去 ng + 鼻化+r	-eng	板凳儿	dèng 去 ng + 鼻化+r
-ing	花瓶儿	píng 去 ng+ 鼻化+ər	-ueng	瓮儿	wèng 去 ng + 鼻化+r
-ong	小虫儿	chóng 去 ng + 鼻化+r	-iong	小熊儿	xióng 去 ng + 鼻化+r

（二）听录音并跟读，注意儿化的发音

Listen to the recording and read. Pay attention to the pronunciation of "儿"

yàofāngr　　gǎntàngr　　xiāngchángr　　guārángr
药 方儿　　赶 趟儿　　香 肠儿　　瓜 瓤儿

bíliángr　　tòuliàngr　　huāyàngr　　tiānchuāngr
鼻 梁儿　　透 亮儿　　花 样儿　　天 窗儿

dǎhuàngr　　shuānghuángr　　gāngbèngr　　tíchéngr
打 晃儿　　双 簧儿　　钢 蹦儿　　提 成儿

bójǐngr　　jiāfèngr　　ménlíngr　　dǎmíngr
脖 颈儿　　夹 缝儿　　门 铃儿　　打 鸣儿

huǒxīngr　　rényǐngr　　hútòngr　　guǒdòngr
火 星儿　　人 影儿　　胡 同儿　　果 冻儿

jiǔzhōngr　　xiǎocōngr　　méndòngr　　chōukòngr
酒 盅儿　　小 葱儿　　门 洞儿　　抽 空儿

77. 常用的儿化词　Retroflex words frequently used

听录音并跟读这些儿化词，注意儿化发音的区别

Listen to the recording and read. Pay attention to the pronunciation of "儿"

bèixīnr
背心儿

xiāngchángr
香肠儿

xiǎotōur
小偷儿

xiǎoháir
小孩儿

zhàopiānr
照片儿

xiǎobiànr
小辫儿

yǔdiǎnr
雨点儿

fànguǎnr
饭馆儿

mòshuǐr
墨水儿

bīnggùnr
冰棍儿

yǎnjìngr
眼镜儿

mótèr
模特儿

hóngbāor
红包儿

miàntiáor
面条儿

huǒguōr
火锅儿

78. "……啊"的音变（1）
Sound changes of the pronunciation of "啊" (1)

(一) 发音举例。听录音并跟读模仿
Rules of the sandhi of "啊". Listen to the recording and read

语气助词"啊"与前面的字相邻，在语流中因受前面字音的影响，读音有变化。

在 a, o, e, i, ü 后读 ya, 汉字可写做"呀"。

The pronunciation of "啊" is influenced by the syllable comes before it. When a, o, e, i, ü come before "啊", the pronunciation of "啊" should be changed into [ya], and we write the character "呀" instead.

Wǒ zěnme zhème è ya!
我 怎 么 这 么 饿 呀！

Yuánlái shì tā ya!
原 来 是 他 呀！

Míngtiān huì bu huì xià yǔ ya?
明 天 会 不 会 下 雨 呀？

(二) 听录音并跟读模仿，注意"啊"的音变
Listen to the recording and read. Pay attention to the variations of "啊"

1. Běijīng de xiàtiān zhēn rè ya!
   北京 的 夏天 真 热 啊！

2. Jīntiān zhōngwǔ de cài tài xián le, chī de wǒ hǎo kě ya!
   今天 中午 的 菜 太 咸 了，吃 得 我 好 渴 啊！

3. Háizi de shēnghuó shì duōme kuàilè ya!
   孩子的 生 活 是 多么 快 乐 啊！

4. Nǐ dàodǐ qù bu qù ya?
   你 到 底 去 不 去 啊？

5. Nǐ yǐjīng yǒu nàme duō xié le, zěnme hái mǎi xié ya?
   你 已 经 有 那 么 多 鞋 了，怎 么 还 买 鞋 啊？

6. Nǐ zěnme néng bú huì ne, duō jiǎndān de wèntí ya!
   你怎么 能 不会呢，多 简 单 的 问题 啊！

7. Yuánlái nǐ bù xǐhuan chī yú ya!
   原 来 你不喜欢 吃 鱼 啊！

79. "……啊"的音变（2）
Sound changes of the pronunciation of "啊"（2）

（一）发音举例。听录音并跟读模仿

Rules of the sandhi of "啊". Listen to the recording and read

在 u, ao, ou 后读 wa, 汉字可写做"哇"。

When u, ao, ou come before "啊", the pronunciation of "啊" should be changed into [wa], and we write the character "哇" instead.

Zhōngyào zhēn kǔ wa！
中 药 真 苦 哇！

Tā shuō de zhēn hǎo wa！
她 说 得 真 好 哇！

Nǐ zěnme xiànzài jiù zǒu wa！
你 怎么 现 在 就 走 哇！

（二）听录音并跟读模仿，注意"啊"的音变

Listen to the recording and read. Pay attention to the variations of "啊"

1. Tiānqì zhēn hǎo wa！
   天 气 真 好 啊！

2. Nàxiē mótèr zhēn shòu wa！
   那 些 模特儿 真 瘦 啊！

3. Tāmen bú huì tī zúqiú wa！
   他 们 不 会 踢 足 球 啊！

4. Nǐ shǔ lǎohǔ wa！
   你 属 老虎 啊！

5. Bìng de zhème lìhai，nǐ zěnme bù chī yào wa！
   病 得 这么 厉害，你 怎么 不 吃 药 啊！

6. Kuài tiào wa，zhèr hěn ānquán！
   快 跳 啊，这儿 很 安 全！

187

80. "……啊"的音变(3)
Sound changes of the pronunciation of "啊"(3)

(一) 发音举例。听录音,并跟读模仿

Rules of the sound changes of "啊". Listen to the recording and read

在 –n 后读 na,汉字可写做"哪"。

When –n comes before "啊", the pronunciation of "啊" should be changed into [na], and we write the character "哪" instead.

Kuài guān mén na!
快 关 门 哪!

Tiān na!
天 哪!

(二) 听录音并跟读模仿,注意"啊"的音变

Listen to the recording and read. Pay attention to the variations of "啊"

1. Kuài diǎnr zǒu, nǐ zěnme zhème màn na!
   快 点儿 走,你 怎么 这么 慢 啊!

2. Bú huì de wèntí nǐ jiù wèn na!
   不会 的 问题 你 就 问 啊!

3. Nǐ zhēn shì bèn na, zhème diǎnr xiǎoshìr yě gàn bù hǎo!
   你 真 是 笨 啊,这么 点儿 小事儿 也 干 不 好!

4. Hái méiyǒu dào xuéxiào ma? Zěnme zhème yuǎn na!
   还 没 有 到 学校 吗? 怎么 这么 远 啊!

5. Kuài xià yǔ le ba, zhème duō yún na!
   快 下 雨 了 吧,这么 多 云 啊!

6. Zhè ge dàngāo shì tā zìjǐ zuò de, nǐ zěnme shuō bù hǎochī,
   这个 蛋糕 是 他 自己 做 的,你 怎么 说 不 好吃,
   tā duō shāngxīn na!
   他 多 伤 心 啊!

81. "……啊"的音变 (4)
Sound changes of the pronunciation of "啊" (4)

（一）发音举例。听录音,并跟读模仿

Rules of the sandhi of "啊". Listen to the recording and read

在 –ng 后读 nga,汉字仍写做"啊"。

When –ng comes before "啊", the pronunciation of "啊" should be changed into [ŋa], but its writing remains as "啊".

Zhè ge máng nǐ bāng bu bāng [nga]?
这 个 忙 你 帮 不 帮 啊？

Wǒ zuótiān wèn nǐ de shì xíng bu xíng [nga]?
我 昨天 问你的事 行 不 行 啊？

（二）听录音并跟读模仿,注意"啊"的音变

Listen to the recording and read. Pay attention to the variations of "啊"

1. Hā'ěrbīn de dōngtiān zhēn lěng [nga]!
   哈尔滨 的 冬 天 真 冷 啊！

2. Wǒ yǐwéi nà shì mǎ, yuánlái shì yáng [nga]!
   我 以为 那 是 马, 原来 是 羊 啊！

3. Kuài tīng [nga], hǎoxiàng shì māma huílai le.
   快 听 啊, 好 象 是 妈妈 回来 了。

4. Nǐ zěnme zhème máng [nga]! Zhōumò yě bù xiūxi.
   你 怎么 这么 忙 啊！ 周 末 也 不 休 息。

5. Nǐ fāshāo le ma? Zěnme nǐ de liǎn zhème hóng [nga]?
   你 发 烧 了 吗？ 怎么 你的 脸 这么 红 啊？

82. "……啊"的音变（5）
Sound changes of the pronunciation of "啊"（5）

（一）发音举例。听录音并跟读模仿

Rules of the sandhi of "啊". Listen to the recording and read

在 zi, ci, si 三个音节中，-i[ɿ] 后读 [za]，汉字仍写作"啊"。

When zi, ci, si come before "啊", the pronunciation of "啊" should be changed into [za], but its writing remains as "啊".

Nǐ bú rènshi Hànzì [za]?
你不认识汉字啊？

Nǐ zěnme zhème zìsī [za]!
你怎么这么自私啊！

（二）听录音并跟读模仿，注意"啊"的音变

Listen to the recording and read. Pay attention to the variations of "啊"

1. Wǒ gāng huà hǎo de, nǐ bié sī [za]!
   我刚画好的，你别撕啊！

2. Wǒ zhǐ jiànguo tā yí cì [za]!
   我只见过他一次啊！

3. Nǐ méi tīngshuō guo Shàolínsì [za]!
   你没听说过少林寺啊！

4. Zhè cì kǎoshì zěnme bàn ne? Zhème duō shēngcí [za]!
   这次考试怎么办呢？这么多生词啊！

5. Xué Hànyǔ bù néng zhǐ xué pīnyīn bù xiě Hànzì [za]!
   学汉语不能只学拼音不写汉字啊！

6. Zhè ge diànyǐng zhēn yǒu yìsi [za]!
   这个电影真有意思啊！

83. "……啊"的音变（6）
Sound changes of the pronunciation of "啊" (6)

（一）发音举例。听录音并跟读模仿

Rules of the sandhi of "啊". Listen to the recording and read

在 zhi, chi, shi 三个音节中，-i[ʅ]后读 ra, 汉字仍写做"啊"。

When zhi, chi, shi come before "啊", the pronunciation of "啊" should be changed into [ra], but its writing remains as "啊".

Méi shíjiān le, kuài chī [ra]!
没 时间 了，快 吃 啊！

Nǐ zhǎo wǒ yǒu shì [ra]?
你 找 我 有 事 啊？

Nǐ bù zhīdào jīntiān shì tā de shēngrì [ra]?
你 不 知 道 今 天 是 他 的 生 日 啊？

（二）听录音并跟读模仿，注意"啊"的音变

Listen to the recording and read. Pay attention to the variations of "啊"

1. Nǐmen zǎo jiù rènshi [ra]!
   你们 早 就 认识 啊！

2. Zhè ge cài hěn hǎochī, nǐ zěnme bù chī [ra]!
   这 个 菜 很 好吃，你 怎么 不 吃 啊！

3. Nǐ tài méi yǒu lǐmào le, tā shì nǐ de lǎoshī [ra]!
   你 太 没 有 礼貌 了，他 是 你 的 老师 啊！

4. Méi xiǎngdào nǐ zhème liǎojiě Zhōngguó de lìshǐ [ra]!
   没 想 到 你 这么 了解 中 国 的 历史 啊！

5. Shì [ra], tā zhēn shì yí ge hěn liǎobuqǐ de rén.
   是 啊，他 真 是 一个 很 了不起 的 人。

6. Nǐ néng kàn dǒng Hànyǔ bàozhǐ [ra]! Zhēn lìhai!
   你 能 看 懂 汉语 报 纸 啊！ 真 厉害！

84. "……啊"的音变综合练习
Exercises on sound changes of the pronunciation of "啊"

(一) 听录音并跟读,注意"啊"的音变

Listen to the recording and read. Pay attention to the variations of "啊"

kuài shuō ya	Hànzì [za]	lánqiú wa	duō rè ya
快 说 啊	汉字 啊	篮球 啊	多 热 啊
kuài kàn na	kuài chī [ra]	zhēn lěng [nga]	tài shòu wa
快 看 啊	快 吃 啊	真 冷 啊	太 瘦 啊
cānjiā ya	bú shì [ra]	zhěngqí ya	bàn jīn na
参加 啊	不 是 啊	整 齐 啊	半 斤 啊
shísì [za]	guàng jiē ya	hǎo è ya	qǐchuáng [nga]
十四 啊	逛 街 啊	好 饿 啊	起 床 啊

(二) 听录音,选择你听到的短语并跟读

Listen to the recording, choose and read the phrase you hear

1. A. hǎochī [ra] 好 吃 啊   B. hǎochī a 好 吃 啊
2. A. kuài shuō a 快 说 啊   B. kuài shuō [ya] 快 说 啊
3. A. tǐng máng a 挺 忙 啊   B. tǐng máng [nga] 挺 忙 啊
4. A. hǎo qiú a 好 球 啊   B. hǎo qiú [wa] 好 球 啊
5. A. zhēn rè [ya] 真 热 啊   B. zhēn rè a 真 热 啊
6. A. bù xíng [nga] 不 行 啊   B. bù xíng a 不 行 啊
7. A. xiě zì a 写 字 啊   B. xiě zì [za] 写 字 啊
8. A. bān jiā a 搬 家 啊   B. bān jiā [ya] 搬 家 啊

音　变

       bié shēngqì a   bié shēngqì [ya]
9. A. 别　生　气　啊　　　B. 别　生　气　啊

       hǎo chǒu [wa]   hǎo chǒu a
10. A. 好　丑　啊　　　　B. 好　丑　啊

七、重音和语调
Stress and Intonation

85. 双音节词语的重音 Stress of di-syllable words

（一）发音举例，听录音并跟读模仿

Listen to the recording and read

1. 大多数双音节词属中重格式，第一音节为中音，音长次长；第二音节为重音，音长最长。

The stress style of most of the di-syllable words is mid-stressed. The first syllable is medium, the length is shorter, while the second syllable is stressed, and the length is longer.

shūbāo	shūfáng	gāokǎo	gāoxìng
书 包	书 房	高 考	高 兴
chǎnshēng	chǎnquán	chǎnpǐn	chǎndì
产 生	产 权	产 品	产 地

2. 少数双音节词是"重轻"格式，第一音节为重音，音长最长；第二音节为轻音，音长最短。

Some of the di-syllable words are the stressed-neutral style. The first syllable is stressed and longer, while the second syllable is a neutral tone, and the length is shorter.

dōngxi	chuānghu	luóbo	shíhou
东 西	窗 户	萝 卜	时 候
zhěntou	nǐmen	gàosu	gùshi
枕 头	你 们	告 诉	故 事

（二）听录音并跟读，注意不同词语中重音位置的不同

Listen to the recording and read. Pay attention to the position of the stressed syllable in each word

| shíjiān | shíhou | BěiJīng | dòngjing |
| 时 间 —— 时 候 | 北 京 —— 动 静 |

重音和语调

luòpò   luóbo   lìshǐ   gùshi
落魄——萝卜   历史——故事

lǎohǔ   mǎhu   rénshēng   xuésheng
老虎——马虎   人 生——学 生

shìtóu   shítou   chǎndì   chǎnzi
势头——石头   产 地——铲 子

（三）听录音，标出每个词语中重音的位置并跟读

Listen to the recording and read, choose the stressed syllable in each word

1. hǎochī   lǎoshi   xiǎojie   xiānsheng
   好 吃   老实   小 姐   先 生

2. měitiān   qiánbian kěnéng   lìyòng
   每 天   前 边   可 能   利 用

3. jīnyú   jìngyù   lìsuo   sīsuǒ
   金 鱼   境 遇   利 索   思 索

4. dàmén   dǎban   yìbān   máfan
   大 门   打 扮   一 般   麻 烦

195

86. 三音节词语的重音 Stress of tri-syllable words

（一）发音举例，听录音并跟读模仿
Listen to the recording and read

1. 中轻重格式：大多数三音节词属于"中轻重"格式，即第一个音节为中音，音长次长；第二个音节轻音，音长最短；第三个音节为重音，音长最长。

Most of the tri-syllable words are the mid-light-stressed style. The first the syllable is medium, the second one is lignt, while the third one is stressed and the length is the longest.

shōuyīnjī	Xīnjiāpō	Hǎoláiwū	diànshìjù
收音机	新加坡	好莱坞	电视剧

2. 中重轻格式：三音节词属于"中重轻"格式数量不多，即第二音节为重音，音长最长；第一音节为中音，音长中长；第三个音节为轻音，音长最短。

Some of the tri-syllable words are the mid-stressed-light style. The first the syllable is medium, the second one is stressed and the length is the longest. While the third one is a neutral tone.

húluóbo	méi shénme	lǎo húli	máoháizi
胡萝卜	没什么	老狐狸	毛孩子

3. 重轻轻格式：三音节词语属于"重轻轻"格式的很少，多为口语词，它的第一音节为重音，第二、第三音节都为轻音。

Only a few tri-syllable words are the stress-light-light style. The first syllable is stressed and the other two are both neutral tones.

shénme de	guàibude	gūniangjia	hǎo zhe ne
什么的	怪不得	姑娘家	好着呢

重音和语调

(二) 听录音并跟读,注意不同词语中重音位置的不同

Listen to the recording and read. Pay attention to the stressed syllables in each word

huǒchēzhàn	fēijīchǎng	wàizǔmǔ	dàxuéshēng
火 车 站	飞 机 场	外 祖 母	大 学 生
dàshǐguǎn	fāngbiànmiàn	diànyǐngyuàn	Jiǎnpǔzhài
大 使 馆	方 便 面	电 影 院	柬 埔 寨
nǚpéngyou	xiǎoháizi	yǒu yìsi	méi jiànguo
女 朋 友	小 孩 子	有 意 思	没 见 过
duō zhe ne	máng zhe ne	rénjia de	hútu le
多 着 呢	忙 着 呢	人 家 的	糊 涂 了

(三) 听录音,标出每个词语中重音的位置并跟读

Listen to the recording and read, choose the stressed syllable in each word

	túshūguǎn	wàijiāoguān	Shìjièbēi	tíngchēfèi
1.	图 书 馆	外 交 官	世 界 杯	停 车 费
	yǒu dàoli	hǎo péngyou	xiǎo háizi	lǎo dōngxi
2.	有 道 理	好 朋 友	小 孩 子	老 东 西
	wǒ de ne	fán zhe ne	è de huang	dǔ de huang
3.	我 的 呢	烦 着 呢	饿 得 慌	堵 得 慌

87. 四音节词语的重音 Stress of four-syllable words

(一) 发音举例,听录音并跟读模仿

Listen to the recording and read

1. 四音节词语的重音一般在最后一个音节上。

Generally, the stressed syllable in a four-syllable word is the last one.

xīn zhí kǒu kuài　　wàn shuǐ qiān shān　　cháo jiǔ wǎn wǔ
心　直　口　快·　　万　水　千　山·　　朝　九　晚　五·

yì xīn yí yì　　　　zhēng fēn duó miǎo　　tiān yá hǎi jiǎo
一　心　一　意·　　争　分　夺　秒·　　　天　涯　海　角·

2. 含有轻声音节的四音节词语多为形容词,第二个音节一般为轻声音节,重读音节为第四个音节。

In some of the four-syllable words, the second syllable is a neutral tone and the last syllable is stressed.

hēi gu lóng dōng　　pī li pā lā　　　　　jī ji gū gū
黑　咕　隆　咚·　　噼　里　啪　啦·　　叽　叽　咕　咕·

duōduo suōsuō　　　huànghuang yōuyōu　　mómo jīji
哆　哆　嗦　嗦·　　晃　晃　悠　悠·　　磨　磨　唧　唧·

(二) 听录音,标出每个词语中重读音节的位置并跟读

Listen to the recording and read, choose the stressed syllable in each word

shí quán shí měi　　wàn wú yì shī　　　Wū lǔ mù qí
十　全　十　美　　　万　无　一　失　　乌　鲁　木　齐

Qí qi hā ěr　　　　jiǔ sǐ yì shēng　　　huān tiān xǐ dì
齐　齐　哈　尔　　九　死　一　生　　　欢　天　喜　地

重音和语调

（三）听录音，找出每个词语中的轻声音节并跟读

Listen to the recording and read, choose the syllable with neutral tone in each word

shu shu fu fu	ping ping an an	gan gan jìng jìng
舒 舒 服 服	平 平 安 安	干 干 净 净
tong tong kuai kuai	liang liang tang tang	hu li hu tu
痛 痛 快 快	亮 亮 堂 堂	糊 里 糊 涂

88. 句子中的停顿 Pause in a Chinese sentence

(一) 发音举例。听录音并跟读模仿

Listen to the recording and read

人们在说较长的一句话的时候，会有一处或几处停顿。句子中的停顿一般具有相对完整的意思，常常对应于一定的句子成分，如主语、谓语、宾语、定语、状语和补语等。一般说来，较长的句子成分之间容易出现停顿。

When we speak a long sentence, there are always one or more than one pauses in the sentence. Pause in the sentence is related to the meaning of the sentence and the grammar items. Generally, if one grammar is long in a sentence, there is usually a pause after it.

1. 主语较长：Méi qù guo Yíhéyuán de tóngxué ｜ qǐng jǔ shǒu.
   没 去 过 颐 和 园 的 同 学 ｜ 请 举 手。
   When subject is long

2. 谓语较长：Xiàozhǎng ｜ shì quánguó zhùmíng de xuézhě.
   校 长 ｜ 是 全 国 著 名 的 学 者。
   When predicate is long

3. 宾语较长：Wǒ zhīdào ｜ jīntiān shì nǐmen de Guóqìngjié.
   我 知 道 ｜ 今 天 是 你 们 的 国 庆 节。
   When attributive is long

4. 定语较长：Jīnsīhóu shì yì zhǒng ｜ jì kě'ài ｜ yòu tèbié zhēnguì
   金 丝 猴 是 一 种 ｜ 既 可 爱 ｜ 又 特 别 珍 贵
   de dòngwù.
   的 动 物。
   When object is long

5. 状语较长：Zài lǎoshī de bāngzhù xià ｜ tā jìnbù hěn kuài.
   在 老 师 的 帮 助 下 ｜ 他 进 步 很 快。
   When adverbial is long

6. 补语较长：Tāmen jí de ｜ yìbiān pǎo yìbiān hǎn.
   她 们 急 得 ｜ 一 边 跑 一 边 喊。
   When complement is long

重音和语调

（二）听录音，找出句子中停顿的位置并跟读

Listen to the recording, mark and read the position of the pause in each sentence

1. Xuéxiào dōngmén duìmiàn de nà jiā Sìchuān fànguǎnr hěn yǒumíng.
   学校东门对面的那家四川饭馆儿很有名。

2. Běijīng shì Zhōngguó de wénhuà zhōngxīn hé zhèngzhì zhōngxīn.
   北京是中国的文化中心和政治中心。

3. Lǎoshī bìng bù zhīdào nà ge háizi xīn li zài xiǎng shénme.
   老师并不知道那个孩子心里在想什么。

4. Tàijíquán shì yì zhǒng jì néng qiángshēn jiàntǐ yòu néng tígāo xiūyǎng de yùndòng.
   太极拳是一种既能强身健体又能提高修养的运动。

5. Zài "Xīwàng Gōngchéng" de zīzhù xià chéngqiānshàngwàn de háizi chóng fǎn le xiàoyuán.
   在"希望工程"的资助下成千上万的孩子重返了校园。

6. Tā lèi de jiǎnzhí dōu chuǎn bu guo qì lái le.
   他累得简直都喘不过气来了。

89. 句子的重音(1)(语法重音)
Stress in sentences (1) (Grammar stress)

(一) 发音举例。听录音并跟读模仿

Listen to the recording and read

在不表示什么特殊的思想和感情的情况下,根据语法结构的特点把句子的某些部分重读的,叫语法重音。语法重音的位置比较固定,常见的规律是:

Some parts of the sentence are stressed according to the features of grammar structure, if no special thoughts or feelings are expressed. This is called grammar stress. The position of grammar stress is fixed, and the common laws are as follows.

1. 谓语重读

Predicate is stressed

Wǒ xuéxí Hànyǔ.
我 学习 汉语。

Tā gēge shì yì míng zhōngyī dàifu.
他 哥哥 是 一 名 中 医 大夫。

2. 状语重读

Adverbial is streesed

Tīngjiàn zhǔrén de jiǎobù shēng, nà zhī xiǎo gǒu jiù fēi yìbān de pǎo le chūqu.
听见 主人 的 脚步 声, 那只 小 狗就飞 一般 地 跑 了 出 去。

Tā cóngxiǎo jiù xǐhuan gèshìgèyàng de fēngzheng.
他 从 小 就喜欢 各式各样 的 风 筝。

3. 补语重读

Complement is stressed

Nà háizi kū de lián huà yě shuō bu chūlái le.
那 孩子哭得 连 话 也 说 不 出来了。

Zhōngyú nádào le bǐsài de guànjūn, tāmen gāoxìng de
终 于拿到 了比赛的 冠军,他们 高 兴 得

tiào le qǐlái.
跳 了 起来。

4. 定语重读

Attributive is stressed

Wǒ zuì xǐhuan de jiù shì fēngjǐng yōuměi、bìbō dàngyàng de Yíhéyuán.
我 最 喜欢 的 就是 风 景 优美、碧波 荡 漾 的 颐和 园。

Nà ge xiǎo chéngshì shì tāmen céngjīng shēnghuó le sānshí duō nián de gùxiāng.
那 个 小 城 市 是 他们 曾 经 生 活 了 三十 多 年 的 故乡。

5. 代词重读

Pronoun is stressed

Měi ge rén zuì bù néng wàngjì de jiù shì zìjǐ de mǔqīn.
每 个 人 最 不 能 忘 记 的 就 是 自己 的 母亲。

Nǎr yǒu xūyào bāngzhù de rén, nǎr jiù shì wǒ de jiā.
哪儿 有 需要 帮 助 的 人,哪儿就 是 我 的 家。

(二) 听录音,找出句子中重读的部分并跟读

Listen to the recording and read, find out the stressed part in each sentence

1. Zuótiān wǎnshang nǐ zuò shénme le?
   昨天 晚上 你做 什么 了?

2. Tāmen jiěmèiliǎ gāogāoxìngxìng de cóng wàibian huílai le.
   她们 姐妹 俩 高 高 兴 兴 地 从 外 边 回来 了。

3. Tā xiào de bǎ yáchuáng dōu lòu chūlái le.
   她 笑 得 把 牙 床 都 露 出来 了。

4. Tāmen zuì bù xiǎng kàndào de qíngkuàng háishì fāshēng le.
   他们 最 不 想 看 到 的 情 况 还是 发生 了。

5. Shuí dōu yǒu yùdào kùnnan de shíhou.
   谁 都 有 遇到 困 难 的 时候。

6. Nǐ zuò shénme, wǒ jiù chī shénme.
   你做 什么,我就吃 什 么。

90. 句子的重音 (2)(逻辑重音1)
Stress in sentences (2) (Logical stress 1)

（一）发音举例。听录音并跟读模仿

Listen to the recording and read

为了强调句子中某种特殊含义而把某个词或词组突显出来，这个词或词组就是逻辑重音。逻辑重音又叫强调重音。

In order to emphasize some special meaning of the sentence, some word or phrase will be highlighted. The word or phrase is called logical stress, or emphatic stress.

1. 在不同的语境，逻辑重音出现在不同的位置。

Logical stress appears in different positions depends on the context.

①   Shuí míngtiān qù Xiānggǎng?
   A：谁 明 天 去 香 港？
      Wǒ míngtiān qù Xiānggǎng.
   B：我 明 天 去 香 港。

②   Nǐ shénme shíhou qù Xiānggǎng?
   A：你 什 么 时 候 去 香 港？
      Wǒ míngtiān qù Xiānggǎng.
   B：我 明 天 去 香 港。

③   Nǐ míngtiān qù bu qù Xiānggǎng?
   A：你 明 天 去 不 去 香 港？
      Wǒ míngtiān qù Xiānggǎng.
   B：我 明 天 去 香 港。

④   Nǐ míngtiān qù nǎr?
   A：你 明 天 去 哪 儿？
      Wǒ míngtiān qù Xiānggǎng.
   B：我 明 天 去 香 港。

重音和语调

2. 同样一句话,逻辑重音位置不同,语义的重点发生变化。

Logical stress appears in different positions in a sentence, and the meanings of the sentence are different.

①　Nǐ wèishénme qǐng Dàwèi chīfàn?
　　你 为 什 么 请 大 卫 吃 饭?

②　Nǐ wèishénme qǐng Dàwèi chīfàn?
　　你 为 什 么 请 大 卫 吃 饭?

③　Nǐ wèishénme qǐng Dàwèi chīfàn?
　　你 为 什 么 请 大 卫 吃 饭?

④　Nǐ wèishénme qǐng Dàwèi chīfàn?
　　你 为 什 么 请 大 卫 吃 饭?

(二) 听录音,找出句子中重读的部分并跟读

Listen to the recording and read, find out the stressed part in each sentence

1. Xiǎomíng jīntiān bù xiǎng chī Sìchuān cài le.
　 小 明 今 天 不 想 吃 四 川 菜 了。

2. Xiǎomíng jīntiān bù xiǎng chī Sìchuān cài le.
　 小 明 今 天 不 想 吃 四 川 菜 了。

3. Xiǎomíng jīntiān bù xiǎng chī Sìchuān cài le.
　 小 明 今 天 不 想 吃 四 川 菜 了。

4. Xiǎomíng jīntiān bù xiǎng chī Sìchuān cài le.
　 小 明 今 天 不 想 吃 四 川 菜 了。

91. 句子的重音(3)(逻辑重音2)
Stress in sentences (3) (Logical stress 2)

(一) 发音举例。听录音并跟读模仿

Listen to the recording and read

在语段和语篇中,逻辑重音有夸张、肯定、对比、照应等作用。

Logical stress is to express exaggeration, confirmation, comparision or coordination.

(1) 表示夸张、强调语气等。

To express the feelings of exaggeration, unusual or to emphasize something.

Nà zuò shān kànqǐlái bǐ tiān hái gāo.
1. 那 座 山 看 起来 比 天 还 高。

Nà kuài shítou tàng de néng jiān jīdàn.
2. 那 块 石头 烫 得 能 煎 鸡蛋。

Shénme kùnnan yě nán bu dǎo wǒmen.
3. 什 么 困难 也 难 不 倒 我们。

Zhè zhēn shì tiāndà de wùhuì ya!
4. 这 真 是 天 大 的 误会 啊!

(2) 表示肯定、同意、确实、坚决等。

To confirm the truth, or to agree with somebody.

Wǒ yǐhòu yídìng bù chídào.
1. 我 以后 一定 不 迟到。

Guàibude tā Hànyǔ shuō de zhème hǎo.
2. 怪 不得 他 汉语 说 得 这 么 好。

Sìchuān cài nàme là!
3. 四川 菜 那么 辣!

Hànyǔ díquè bú róngyì.
4. 汉 语 的确 不 容 易。

Zhēnde hěn bùhǎoyìsi.
5. 真 的 很 不 好意思。

(3) 表示对比、照应，或相提并论。

To express comparision or coordination.

1. Zhè bú shì Yīng Hàn cídiǎn, shì Hàn Yīng cídiǎn.
   这不是英汉词典，是汉英词典。

2. Bāxī rén shuō de shì Pútaoyáyǔ, bú shì Xībānyáyǔ.
   巴西人说的是葡萄牙语，不是西班牙语。

3. Guǎngdōnghuà wǒ néng tīng, bú huì shuō.
   广东话我能听，不会说。

4. Yǐqián zhèr yòu zāng yòu luàn, xiànzài chéng le yí ge piàoliang de huāyuán.
   以前这儿又脏又乱，现在成了一个漂亮的花园。

（二）听录音，找出句子中重读的部分并跟读

Listen to the recording and read, find out the stressed part in each sentence

1. Ràng tā gǎibiàn zhǔyi jiǎnzhí bǐ dēng tiān hái nán!
   让他改变主意简直比登天还难！

2. Nǐ rènhé shíhou、yǒu rènhé wèntí dōu kěyǐ lái zhǎo wǒ.
   你任何时候、有任何问题都可以来找我。

3. Zhè zhēn bú shì nào zhe wánr de!
   这真不是闹着玩儿的！

4. Shuō qǐlái róngyì, zuò qǐlái nán.
   说起来容易，做起来难。

5. Nǐ jīntiān zěnme zhème dǎoméi ya!
   你今天怎么这么倒霉啊！

6. Dāngnián tā háishì ge tānwánr de háizi ne, xiànzài yǐjīng shì yǒumíng de yīshēng le.
   当年他还是个贪玩儿的孩子呢，现在已经是有名的医生了。

92. 基本句调(升调和降调) Basic intonation in Chinese (raising and falling tones)

(一) 发音举例。听录音并跟读模仿

Listen to the recording and read

1. 句末音节为第一声

The last syllable of the sentence is the first tone.

Tā xìng zhāng ?　　　　　Tā xìng zhāng.
他 姓 张 ? ↑　　　　　他 姓 张 。 ↓

Tā huì kāi fēijī ?　　　　　Tā huì kāi fēijī .
他 会 开 飞 机 ? ↑　　　　他 会 开 飞 机 。 ↓

Míngtiān xīngqīyī ?　　　　Míngtiān xīngqīyī .
明 天 星 期 一 ? ↑　　　　明 天 星 期 一 。 ↓

2. 句末音节为第二声

The last syllable of the sentence is the second tone.

Zhè shì nǐ de xié?　　　　　Zhè shì nǐ de xié.
这 是 你 的 鞋 ? ↑　　　　这 是 你 的 鞋 。 ↓

Tā yào qù yínháng?　　　　Tā yào qù yínháng.
他 要 去 银 行 ? ↑　　　　他 要 去 银 行 。 ↓

Zhèr méiyǒu shítáng?　　　Zhèr méiyǒu shítáng.
这儿 没 有 食 堂 ? ↑　　　这儿 没 有 食 堂 。 ↓

3. 句末音节为第三声

The last syllable of the sentence is the third tone.

Tā yào zǒu ?　　　　　　　Tā yào zǒu .
他 要 走 ? ↑　　　　　　他 要 走 。 ↓

Tā bù xǐhuan hē píjiǔ ?　　　Tā bù xǐhuan hē píjiǔ .
他 不 喜 欢 喝 啤酒 ? ↑　　他 不 喜 欢 喝 啤酒 。 ↓

Tā xiǎng mǎi yì běn cídiǎn ?　Tā xiǎng mǎi yì běn cídiǎn .
他 想 买 一 本 词 典 ? ↑　他 想 买 一 本 词 典 。 ↓

4. 句末音节为第四声

The last syllable of the sentence is the fourth tone.

Tāmen qù zhòng shù ?　　　Tāmen qù zhòng shù .
他们 去 种 树 ? ↑　　　　他们 去 种 树 。 ↓

重音和语调

Zhè shì Dàwèi de zhàopiàn？　　Zhè shì Dàwèi de zhàopiàn．
这 是 大卫 的 照 片？↗　　这 是 大卫 的 照 片。↘

Zhè shì tā de yǎnjìng？　　Zhè shì tā de yǎnjìng．
这 是 他 的 眼镜？↗　　这 是 他 的 眼镜。↘

（二）听录音，给你听到的句子标注句调并跟读

Listen to the recording and read, choose the raising or falling tone of the sentence you hear

Zhè shì Xiǎo Wáng de Hànyǔ shū．
1. 这 是 小 王 的 汉 语 书。

Nǐmen míngtiān qù Shànghǎi？
2. 你们 明 天 去 上 海？

Tā cónglái méi qù guo Yíhéyuán？
3. 他 从 来 没 去 过 颐 和 园？

Tā bù zhīdào míngtiān kǎoshì．
4. 他 不 知 道 明 天 考 试。

Tā māma yě bù zhīdào tā zài nǎr．
5. 她 妈妈 也 不 知 道 她 在 哪儿。

Tā huì shuō wǔ mén wàiyǔ．
6. 他 会 说 五 门 外 语。

93. 陈述句的句调 Intonation of the declarative sentences

（一）发音举例。听录音并跟读模仿

Listen to the recording and read

汉语陈述句的句调一般为降调（↓）。

The intonation of the predictive sentences is a falling tone.

Wǒmen bān zài 515 jiàoshì.
我们班在515教室。↓

Tāmen shì Běijīng Yǔyán Dàxué de xuésheng.
他们是北京语言大学的学生。↓

Lái Zhōngguó xuéxí Hànyǔ de liúxuéshēng yuè lái yuè duō.
来中国学习汉语的留学生越来越多。↓

（二）听录音，选择每组中读降调的句子并跟读

Listen to the recording and read, choose the sentence with a falling tone in each group

1. A. Tā qù nǎr le?
   他去哪儿了？
   B. Wǒ yě bù zhīdào tā qù nǎr le.
   我也不知道他去哪儿了。

2. A. Zhè ge xuéxiào dàgài yǒu jǐ qiān ge xuésheng.
   这个学校大概有几千个学生。
   B. Zhè ge xuéxiào yǒu jǐ qiān ge xuésheng?
   这个学校有几千个学生？

3. A. Tā de shēngrì shì jǐ yuè jǐ hào?
   他的生日是几月几号？
   B. Tā méi gàosu wǒ tā de shēngrì shì jǐ yuè jǐ hào.
   他没告诉我他的生日是几月几号。

4. A. Chī shénme dōu kěyǐ.
   吃什么都可以。
   B. Nǐ xiǎng chī shénme?
   你想吃什么？

重音和语调

5. A. 你喝啤酒还是 果汁?
Nǐ hē píjiǔ háishi guǒzhī?

B. 我 喝啤酒或者 果汁。
Wǒ hē píjiǔ huòzhě guǒzhī.

94. 疑问句的句调 Intonation of the interrogative sentences

(一) 发音举例。听录音并跟读模仿

Listen to the recording and read

1. 是非问句

读升调(↑)。

The tone of the Yes-no questions is raising.

Nǐ shì Fǎguó rén?
你是法国人？↑

Nǐ xià xīngqīyì bù lái le?
你下星期一不来了？↑

Nǐ xīngqīliù gēn wǒmen qù gōngyuán ma?
你星期六跟我们去公园吗？↑

2. 特指问句

疑问代词重读，重音之后句调逐渐下降。

The interrogative pronouns in the interrogative sentences should be stressed, and after that the tone of the sentence falls gradually.

Shuí gěi wǒ dǎ diànhuà le?
谁给我打电话了？↓

Xiāngjiāo duōshao qián yì jīn?
香蕉多少钱一斤？↓

Nǐ měitiān xiàwǔ yìbān zuò shénme?
你每天下午一般做什么？↓

Wǒ qù nǎr zhǎo nǐ?
我去哪儿找你？↓

Nǐ měitiān zǎoshang zěnme lái xuéxiào?
你每天早上怎么来学校？↓

3. 正反问句

句中肯定部分重读，否定部分轻读。肯定、否定重叠部分语速较快，句重音后句调逐渐下降。

In the affirmative-negative questions, the affirmative part should be stressed. The tone of the sentence falls slowly after the the affirmative part.

重音和语调

Nǐ huì bu huì shuō Xībānyáyǔ?
你会不会说西班牙语？↓

Zhè běn cídiǎn shì bu shì nǐ de?
这本词典是不是你的？↓

Míngtiān wǎnshang nǐ yǒu méi yǒu shíjiān?
明天晚上你有没有时间？↓

Jīn tiān zhōngwǔ nǐ xiǎng bu xiǎng chī Rìběncài?
今天中午你想不想吃日本菜？↓

4. 选择问句

句中供选择的部分重读，前一部分读升调(↑)，语速较慢，后一分句读降调(↓)。

In the alternative questions with "还是", the first part raises, and the second part falls.

Nǐ shì Yīngguó rén　háishi Měiguó rén?
你是英国人↑还是美国人？↓

Tā shì nǐ gēge　háishi nǐ dìdi?
他是你哥哥↑还是你弟弟？↓

Nǐ xiǎng chī Hánguó cài　háishi Rìběn cài?
你想吃韩国菜↑还是日本菜？↓

Nǐmen xiǎng zuò huǒchē qù　hái shì zuò fēijī qù?
你们想坐火车去↑还是坐飞机去？↓

Wǒmen kàn le diànyǐng qù chī fàn　háishi chī le fàn qù kàn diànyǐng?
我们看了电影去吃饭↑还是吃了饭去看电影？↓

（二）听录音，给你听到的句子标注句调并跟读

Listen to the recording and read, choose raising or falling tone of the sentence you hear

Nǐ xué Hànyǔ háishi xué Rìyǔ?
1. 你学汉语还是学日语？

Míngtiān huì bu huì xià yǔ?
2. 明天会不会下雨？

3. Zhōumò nǐ qù bu qù Shànghǎi?
   周 末 你 去 不 去 上 海?

4. Nǐ dǎsuan shénme shíhou gēn tā jiànmiàn?
   你 打 算 什 么 时 候 跟 他 见 面?

5. Nǐ zài Zhōngguó zhù le jǐ nián le?
   你 在 中 国 住 了 几 年 了?

6. Zhōumò nǐ xiǎng gēn wǒmen yìqǐ qù pá shān ma?
   周 末 你 想 跟 我 们 一起 去 爬 山 吗?

95. 祈使句的句调 Intonation of the imperative sentences

(一) 发音举例。听录音并跟读模仿
Listen to the recording and read

1. 语气委婉时,全句声音较低,第一个分句句尾语调略有上升,全句末缓慢下降。

When the mood of the sentence is moderate, the sound of the whole sentence is low. The tone at the end of the first clause is a bit higher, and falls slowly at the end of the sentence.

Qǐng chūshì nín de hùzhào.
请　出示您的护照。↓

Nín yídìng yào lái ya !
您一定　要来呀！↓

Míngtiān qiānwàn bú yào chídào a!
明　天　千万不要　迟到　啊！↓

Zài yě bú yào gēn tāmen chūqu wánr le !
再　也不要　跟他们　出去玩儿了！↓

Wàibian hěn lěng， duō chuān diǎnr yīfu ba!
外　边 很 冷 ↑, 多　穿　点儿衣服吧！↓

Wǒ méi tīng qīngchu ↑, qǐng nín màndiǎnr shuō.
我 没 听 清 楚 ↑, 请 您 慢点儿说。↓

Jīnglǐ mǎshàng jiù lái ↑, qǐng nín shāoděng yíhuìr .
经 理 马 上　就 来 ↑, 请　您　稍　等　一会儿。↓

2. 语气强硬时,全句声音较高,句末语调急促下降。

When the mood of the sentence is tough, the sound of the sentence is high, and it falls rapidly at the end of the sentence.

Tíng chē !
停　车！↓

Bié dòng !
别　动！↓

Bié shuōhuà !
别　说　话！↓

汉语语音100点

Ràng wǒ xiàqu!
让 我 下去! ↘

Tā shì xiǎotōu!　　Zhuāzhù tā!
他 是 小 偷! ↘ 抓 住 他! ↘

(二) 听录音,给你听到的句子标注句调并跟读

Listen to the recording and read, choose raising or falling tone of the sentence you hear

1. Qǐng gēn wǒ lái.
   请 跟 我 来。

2. Yídìng yào lái cānjiā wǒmen de hūnlǐ ya!
   一定 要 来 参加 我们 的 婚礼啊!

3. Tiānqì yùbào shuō míngtiān yǒu yǔ, bié wàng le dài yǔsǎn.
   天 气 预报 说 明 天 有 雨,别 忘 了 带 雨 伞。

4. Nǐ chūqu!
   你 出 去!

5. Xiànzài kèren tài duō le, qǐng nín xiān zài zhèr páiduì.
   现 在 客人太 多 了,请 您 先 在 这儿排队。

96. 感叹句的句调 Intonation of the exclamatory sentences

（一）发音举例。听录音并跟读模仿

Listen to the recording and read

1. 表示喜悦、赞扬时，读降调(↓)。

To express the feelings of happiness or praise, the tone of the sentence falls.

Nǐ néng lái cānjiā wǒmen de hūnlǐ tài hǎo le !
你能来参加我们的婚礼太好了！↓

Zhè ge háizi zhǎng de duō piàoliang a!
这个孩子长得多漂亮啊！↓

Tā de Hànzì xiě de zhēn hǎo a!
他的汉字写得真好啊！↓

2. 表示气愤时，语速快，句末短促，读降调(↓)。

To express the feelings of angry, the speed of the sentence is fast, and the tone falls rapidly.

Shuí bù zháojí a!
谁不着急啊！↓

Nǐ jiǎnzhí tài guòfèn le!
你简直太过分了！↓

Nǐ zěnme zhème bù dǒngshì ne !
你怎么这么不懂事呢！↓

3. 表示悲伤、遗憾时，语速慢，句末拖长下降，读降调(↓)。

To express the feelings of sadness or regret, the speed of the sentence is slow, and the tone of the sentence falls slowly.

Nà ge mài huǒchái de xiǎo nǚháir tài kělián le!
那个卖火柴的小女孩儿太可怜了！↓

Xiǎo gūniang kū de hǎo shāngxīn na !
小姑娘哭得好伤心哪！↓

Tā hái nàme niánqīng, zhēn shì tài kěxī le !
他还那么年轻，真是太可惜了！↓

汉语语音100点

(二) 听录音，给你听到的句子标注句调并跟读

Listen to the recording and read, choose raising or falling tone of the sentence you hear

1. Zhēnshì tài gǎnxiè nǐ le！
   真 是 太 感 谢 你 了！

2. Tā yí ge rén zài nàr shēnghuó duō bù róngyì a！
   他 一 个 人 在 那儿 生 活 多 不 容 易 啊！

3. Nǐ zěnme zhème méiyǒu lǐmào！
   你 怎么 这么 没 有 礼貌！

4. Zhè háizi tài bú xiànghuà le！
   这 孩子 太 不 像 话 了！

97. 句子末尾的 "吧" 和 "吗"
"吧" and "吗" used at the end of the sentences

（一）发音举例。听录音并跟读模仿

Listen to the recording and read

（1）"吧"是汉语中常用的一个语气词，常常用在祈使句的末尾，表示一种委婉的建议，句末语气是降调。

"吧" is used at the end of a imperative sentence expressing a suggestion, and the tone is falling.

      Wǒmen qù Yíhéyuán ba.
1. 我 们 去 颐和 园 吧。↓

      Wǒ bú rènshi lù, háishì nǐ qù ba.
2. 我 不 认 识 路，还是 你 去 吧。↓

      Tiānqì bú tài hǎo, háishì bié qù tī zúqiú le ba.
3. 天 气不太 好，还 是 别 去踢足球 了 吧。↓

      Kuài zǒu ba! Kànyàngzi yào xià yǔ le.
4. 快 走 吧！↓ 看 样子要 下 雨 了。

（2）"吧"还可以用在疑问句的末尾，全句的语调是降调，表示说话人对所说的内容比较肯定，希望得到听话人的确认。而"吗"则不同，是真正的有疑而问，希望得到对方的回答，全句是升调。

"吧" also can be used at the end of a interrogative sentence, and the tone of the sentence is falling. While when "吗" is used at the end of a interrogative sentence, the tone of the sentence is raising.

      Nǐ shì Měiguó rén ba?
1. 你是美 国 人 吧？↓

      Nǐ shì Měiguó rén ma?
      你是 美 国 人 吗？↑

      Zhè jiàn yīfu sānbǎi duō kuài qián, tài guì le ba?
2. 这 件 衣服 三 百 多 块 钱，太 贵 了吧？↓

      Zhè jiàn yīfu sān bǎi duō kuài qián, hěn guì ma?
      这 件 衣服 三 百 多 块 钱，很 贵 吗？↑

3. Nǐ yǐqián xué guo Hànyǔ ba?
   你 以前 学 过 汉语 吧？ ↘

   Nǐ yǐqián xué guo Hànyǔ ma?
   你 以前 学 过 汉语 吗？ ↗

4. Zhè ge cài hǎochī ba?
   这 个 菜 好 吃 吧？ ↘

   Zhè ge cài hǎochī ma?
   这 个 菜 好 吃 吗？ ↗

5. Nǐ hái bù zhīdào tā yǐjīng huíguó le ba?
   你 还 不 知道 他 已经 回国 了 吧？ ↘

   Nǐ hái bù zhīdào tā yǐjīng huíguó le ma?
   你 还 不 知道 他 已经 回国 了 吗？ ↗

(二) 听录音,给你听到的句子标注句调并跟读

Listen to the recording and read, choose raising or falling tone of the sentence you hear

1. Wǒmen yǒu sānshí duō nián méi jiàn guo miàn le ba?
   我们 有 三十 多 年 没见 过 面 了 吧？

2. Zěnmeyàng? Nǐ de sǎngzi hái téng ma?
   怎么 样？ 你的 嗓子 还 疼 吗？

3. Zěnmeyàng? Nǐ de sǎngzi bù téng le ba?
   怎么 样？ 你的 嗓 子 不 疼 了 吧？

4. Dǎ dī tài guì le, háishì zuò dìtiě qù ba.
   打的 太 贵 了，还是 坐 地铁 去 吧。

5. Zhèyàng bú tài hǎo ba, kǒngpà tā yào shēngqì ba?
   这 样 不 太 好 吧，恐 怕 她 要 生 气 吧？

98. 常用感叹词用法举例（1）
Using examples of interjections (1)

1. 啊 (a)

(1) 第一声 (ā)：表示惊奇和赞叹。

To express surprise or praise.

Ā, xià yǔ le!
啊，下 雨 了！

Ā, tài měi le!
啊，太 美 了！

(2) 第二声 (á)：表示追问、疑惑、惊讶。

To express uncertainty or surprise, or to make a detailed inquiry to know more information.

Á, nǐ gāngcái shuō shénme?
啊，你 刚 才 说 什 么？

Á, zhè shì zěnme huí shìr?
啊，这 是 怎 么 回 事 儿？

Á, tā sǐ le? zhè zěnme kěnéng?
啊，他死了？ 这 怎 么 可 能？

(3) 第四声 (à)：

① 表示突然明白。

To express sudden understanding.

À, yuánlái shì zhèyàng a!
啊，原 来 是 这 样 啊！

À, guàibude jīntiān tā zhème gāoxìng ne!
啊，怪 不 得 今 天 他 这 么 高 兴 呢！

② 表示应答。

To answer the questions of the listener.

À, wǒ zhīdào le, fàng xīn ba.
啊，我 知 道 了，放 心 吧。

À, hǎode, jiù zhèyàng ba!
啊，好 的，就 这 样 吧！

2. 哎 (ai)

(1) 第一声(āi)：

① 表示惊讶。

To express surprise.

Āi, nǐ zěnme zhème zǎo jiù huílai le?
哎,你怎么这么早就回来了?

Āi, gāngcái háishì dà qíngtiān, zěnme tūrán xià qǐ yǔ lái le?
哎,刚才还是大晴天,怎么突然下起雨来了?

② 表示不满。

To express dissatisfaction.

Āi, tā zěnme xiànzài hái méi lái?
哎,他怎么现在还没来?

Āi, huà kě bù néng zhème shuō a!
哎,话可不能这么说啊!

③ 表示提醒对方。

To remind the listener.

Āi, kuài kàn a!
哎,快看啊!

Āi, kuài zǒu ba, yào chídào le!
哎,快走吧,要迟到了!

(2) 第二声:(ái)表示奇怪或突然想起什么要告诉对方。

To express surprise or to recall something.

Ái, wǒ de shǒujī zěnme bújiàn le? Gāngcái hái zài zhèr ne!
哎,我的手机怎么不见了？刚才还在这儿呢!

Ái, duì le, yǒu jiàn shì wǒ xiǎng wèn nǐ ...
哎,对了,有件事我想问你……

3. 唉 (ai)

(1) 第一声(āi)：表示应答。

To answer the questions of the listener.

Āi, wǒ mǎshàng jiù lái.
唉,我马上就来。

Āi, tīngjiàn le, bié hǎn le.
唉，听见了，别喊了。

（2）第四声（ài）：表示失望、伤感。

To express disappointment and sadness.

Ài, zhè xià kě máfan le.
唉，这下可麻烦了。

Ài, zěnme huì zhèyàng a!
唉，怎么会这样啊！

② 表示可惜、后悔。

To express regret.

Ài, wǒ zhēn bù yīnggāi ràng tā yí ge rén qù a!
唉，我真不应该让他一个人去啊！

Ài, zhème hǎo de jīhuì yòu cuòguò le!
唉，这么好的机会又错过了！

③ 表示认可。

To agree with the listeners.

Ài, nǐ zhèyàng xiǎng jiù duì le.
唉，你这样想就对了。

Ài, duì le, quèshí shì zhème huí shìr.
唉，对了，确实是这么回事儿。

4. 哎呀(āiya)：表示痛苦、惊讶、提醒或不耐烦等强烈感情

To express pain, surprise, reminding or impatience

Āiya, nánshòu sǐ le!
哎呀，难受死了！

Āiya, nǐ zěnme yòu lái le?
哎呀，你怎么又来了？

Āiya, nǐ zěnme zhème máfan a!
哎呀，你怎么这么麻烦啊！

5. 哎哟(āiyō)：表示痛苦、惊讶或赞叹等强烈感情

To express strong feelings of pain, surprise or praise

Āiyō, wǒ de dùzi téng sǐ le!
哎哟，我的肚子疼死了！

Āiyō, zhè háizi kě zhēn piàoliang a!
哎哟，这孩子可真漂亮啊！

Āiyō, nǐ zěnme xiànzài cái huílai? wǒmen dōu jísǐ le!
哎哟，你怎么现在才回来？我们都急死了！

6. 哈(hā)：表示得意或惊喜

To express surprise or complacence

Hā, yǐhòu kě jiù fāngbiàn duō le!
哈，以后可就方便多了！

Hā hā, wǒ zhōngyú chénggōng le!
哈哈，我终于成功了！

Hā hā, zěnmeyàng, háishì wǒ lìhai ba!
哈哈，怎么样，还是我厉害吧！

99. 常用感叹词用法举例 (2)
Using examples of interjections (2)

7. 呵/嗬 (hē)：表示惊讶

   To express surprise

   Hē, zhè yú zhēn dà a!
   嗬，这 鱼 真 大 啊！

   Hē, jīntiān zhème piàoliang a!
   嗬，今天 这么 漂 亮 啊！

   Hē, zhè huí kǎo de zhēn búcuò!
   嗬，这 回 考 得 真 不错！

8. 嘿 (hēi)：

   ① 表示得意或赞叹。

   To express complacence or praise.

   Hēi, wǒ dōu xiě duì le!
   嘿，我 都 写 对 了！

   Hēi, zhè chē kě zhēn piàoliang!
   嘿，这 车 可 真 漂 亮！

   Hēi, zěnmeyàng, háishì wǒ shuō de duì ba!
   嘿，怎 么 样，还是 我 说 得 对 吧！

   ② 表示招呼或提醒，一般只用于较为熟悉的人之间，否则不太礼貌。

   To greet someone or to remind the listener, only used between people who are familiar with each other, otherwise it is not polite.

   Hēi, nǐ qù nǎr a?
   嘿，你 去 哪儿 啊？

   Hēi, xiǎoxīn diǎnr, bié shuāi zhe!
   嘿，小 心 点儿，别 摔 着！

   Hēi, hēi, hēi, tīng wǒ shuō!
   嘿，嘿，嘿，听 我 说！

9. 哼(hèng)：表示不满、生气，或者威胁对方

To express dissatisfaction or anger of the speaker, or to threat the listener

Hèng, yǒu shénme liǎobuqǐ de?
哼，有什么了不起的？

Hèng, kànkan tā nà ge yàngzi!
哼，看看他那个样子！

Hèng, nǐ yǐhòu gěi wǒ xiǎoxīn diǎnr!
哼，你以后给我小心点儿！

10. 嗯(en)

(1) 第二声(én)：

① 表示疑问。

To express interrogation.

Én? Nǐ zěnme bù shuōhuà le?
嗯？你怎么不说话了？

Én? Tā hái méi gàosu nǐ ma?
嗯？她还没告诉你吗？

② 表示不同意或出乎意料。

To express disagreement or unexpectedness

Én, zěnme huì ne?
嗯，怎么会呢？

Én, méi nàme yánzhòng ba?
嗯，没那么严重吧？

Én, kǒngpà bú shì nǐ shuō de nàyàng ba.
嗯，恐怕不是你说的那样吧。

(2) 第四声(èn)：表示答应。

To express response of the listener.

Èn, wǒ zhīdào le.
嗯，我知道了。

Èn, nǐ shuō de yǒu dàoli.
嗯，你说得有道理。

Èn, nà jiù zhème juédìng ba!
嗯，那就这么决定吧！

11. 咦(yí)：表示惊讶

To express surprise

Yí, nǐ zěnme hái méi zǒu a?
咦，你怎么还没走啊？

Yí, nǐ zěnme lái le? Bú shì qù Shànghǎi le ma?
咦，你怎么来了？不是去上海了吗？

Yí, zěnme zhōumò xuéxiào li háishì zhème duō rén a?
咦，怎么周末学校里还是这么多人啊？

12. 哟(yō)/呦(yōu)

表示惊讶、突然发现或想起。
To express sudden discovery or recall.

Yō, zěnme tíngdiàn le?
哟，怎么停电了？

Yō, wàng le dài shēnfènzhèng le!
哟，忘了带身份证了！

Yō, nǐ zěnme zài zhèr ne!
哟，你怎么在这儿呢！

Yō, wǒ de shǒujī zěnme méi diàn le a?
哟，我的手机怎么没电了啊？

100. 有趣的拟声词 Interesting mimetic words

（一）听录音并跟读
Listen to the recording and read

象声词是汉语中模拟声音的一类词，象声词的使用常常是表达更加生动、有趣。

Onomatopoeia in Chinese is to simulate all kinds of sounds. The usage of onomatopoeia makes the expression more interesting and impressive.

miāo miāo
喵　喵

wāng wāng
汪　　汪

miē miē
咩　咩

gá gá
嘎　嘎

（二）听录音并跟读模仿
Listen to the recording and read

sōu
嗖

Nà liàng chē kāi dé fēikuài, sōu de yíxiàzi jiù guòqù le.
那　辆　车　开　得　飞快，　嗖　的　一下子　就　过　去　了。

guāngdāng
咣　当

Wàimiàn de fēng zhēn dà, guāngdāng yì shēng jiù bǎ mén
外　面　的　风　真　大，　咣　当　一　声　就把　门
chuīkāi le.
吹　开　了。

重音和语调

hōnglōng
轰　隆

Yào xià yǔ le, léi shēng hōnglōng hōnglōng de.
要下雨了，雷声轰隆轰隆的。

gūlū
咕噜

Shàng kè de shíhou wǒ è jí le, dùzi gūlū gūlū yìzhí jiào.
上课的时候我饿极了，肚子咕噜咕噜一直叫。

huālālā
哗啦啦

Zhèr de huánjìng zhēn hǎo, hái néng tīngjiàn héshuǐ huálālā
这儿的环境真好，还能听见河水哗啦啦
de xiǎngshēng.
的响声。

pīlipālā
噼里啪啦

Zhōngguórén guò chūnjiē de shíhou xǐhuan fàng biānpào, pīli
中国人过春节的时候喜欢放鞭炮，噼里
pālā de rènao jí le.
啪啦的热闹极了。

jījigūgū
叽叽咕咕

Tāmen liǎng bù zhīdào yǒu shénme mìmì, zài nàr jījigūgū
他们俩不知道有什么秘密，在那儿叽叽咕咕
de shuō le bàntiān.
地说了半天。

汉语语音100点

dīngdīngdāngdāng
叮 叮 当 当

Gébì de rén zài zhuāngxiū fángzi, dīngdīngdāngdāng de
隔壁 的 人 在 装 修 房子, 叮 叮 当 当 的
chǎo sǐ le.
吵 死 了。

pūtōngpūtōng
扑 通 扑 通

Dì yí cì jiàndào tā de shíhou, wǒ de xīn pūtōngpūtōng zhí
第 一 次 见 到 他 的 时候, 我 的 心 扑 通 扑 通 直
tiào.
跳。

（三）试一试：听下面的儿歌并跟读模仿

Can you try?

Listen to the nursery rhymes and read

Yì Zhī Xiǎo Jī Jī Jī Jī
一 只 小 鸡 叽 叽 叽

Yì zhī xiǎo jī jī jī jī;
一 只 小 鸡 叽 叽 叽;

Liǎng zhī xiǎo gǒu wāng wāng wāng;
两 只 小 狗 汪 汪 汪;

Sān zhī miányáng miē miē miē;
三 只 绵 羊 咩 咩 咩;

Sì zhī lǎoshǔ zhī zhī zhī;
四 只 老 鼠 吱 吱 吱;

Wǔ zhī bógū gū gū gū;
五 只 鹁 鸪 咕 咕 咕;

Liù zhī qīngwā guā guā guā;
六 只 青 蛙 呱 呱 呱;

Qī zhī xīshuài jī jī jī;
七 只 蟋 蟀 唧 唧 唧;

重音和语调

Bā zhī xiǎoyā gá gá gá;
八 只 小 鸭 嘎 嘎 嘎；

Jiǔ zhī bānjiū jiū jiū jiū.
九 只 斑 鸠 啾 啾 啾。

参考答案
Keys

1. 汉语的音节

（三）听录音，写出你听到的每个词音节的个数，并跟读模仿

1. wǒ(1), wǒmen(2), nǐ(1), nǐ hǎo(2)
2. xièxie(2), zàijiàn(2), jīntiān(2), xīngqīrì(3)
3. liúxuéshēng(3), Hànyǔ(2), diànyǐngyuàn(3), diànshì(2)
4. Měiguó(2), Fǎguó(2), Xībānyá(3), Àodàlìyà(4)

（四）猜一猜：边听录音边看图片，把你听到的音节和相关的图片联起来

Hālì Bōtè
哈利波特

Bèikèhànmǔ
贝克汉姆

kāfēi
咖啡

kěkǒu kělè
可口可乐

2. 汉语的声母和韵母

（三）听录音并跟读，在声母相同的两个音节后画勾

1. máng 忙　mén 门　(√)　　2. lèi 累　lěng 冷　(√)

	chī	hé			huó	shuō	
3.	吃	和	( )	4.	活	说	( )
	luàn	suàn			fāng	fēng	
5.	乱	算	( )	6.	方	风	(√)
	gěi	huì			suān	shuǎng	
7.	给	会	( )	8.	酸	爽	( )

（四）听录音并跟读,在韵母相同的两个音节后画勾

	suì	shuì			mǎi	méi	
1.	岁	睡	(√)	2.	买	没	( )
	láng	lěng			huàn	juān	
3.	狼	冷	( )	4.	换	娟	( )
	wán	wǎng			lěng	mèng	
5.	玩	网	( )	6.	冷	梦	(√)
	zhuī	chuí			cuī	cún	
7.	追	锤	(√)	8.	催	存	( )

3. 汉语的声调

（四）听录音,选出每组中声调不同的一个音节

	wèn	wén	péng	rén	
1.	问	文	棚	人	(1)
	měi	wěn	shuǐ	sūn	
2.	美	吻	水	孙	(4)
	kuān	wèi	yūn	zhēn	
3.	宽	位	晕	真	(2)
	shì	sǐ	sì	zhuì	
4.	是	死	四	坠	(2)
	jiāng	jiǎng	xiǎn	liǎn	
5.	将	讲	显	脸	(1)
	ròu	rě	kě	huǒ	
6.	肉	惹	可	火	(1)

5. 汉语的21个声母

（三）听录音,写出你听到的音节并跟读模仿,注意声母

	bāng		màn
1.	帮	2.	慢

3. dōng 东　　4. nán 男

5. huàn 换　　6. huáng 黄

7. xiǎng 想　　8. cóng 从

9. zhāng 张　　10. shén 神

6. 声母 b, p 的发音

(四) 听录音，写出你听到的音节并跟读

1. pāi 拍　　2. péng 朋　　3. běn 本　　4. pǔ 普　　5. pán 盘

6. píng 瓶　　7. bàng 棒　　8. bīn 宾　　9. bǎo 饱　　10. běi 北

11. bào 报　　12. pèng 碰　　13. pài 派　　14. péi 陪　　15. biǎo 表

(五) 听录音，写出你听到的声母并跟读

1. páiqiú 排球　　báiqiú 白球　　2. miánbù 棉布　　miànpù 面铺

3. bǎobiāo 保镖　　bājiāo 芭蕉　　4. bēnpǎo 奔跑　　bǔyào 补药

5. píngguǒ 苹果　　bìngrén 病人　　6. bīpò 逼迫　　biànpàng 变胖

7. bǎngjià 绑架　　féipàng 肥胖　　8. bàngōng 办公　　pànwàng 盼望

9. biāozhǔn 标准　　ménpiào 门票　　10. bùxiǔ 不朽　　péngyou 朋友

7. 声母 m, f 的发音

(四) 听录音，写出你听到的音节并跟读

1. fēi 飞　　2. pàn 盼　　3. běn 本　　4. fán 烦　　5. fǎ 法

6. miào 妙　　7. fáng 房　　8. fǒu 否　　9. mào 帽　　10. fěi 匪

	féng		fēi		méng		mǐn		biāo
11.	缝	12.	飞	13.	萌	14.	敏	15.	标

（五）听录音，写出你听到的声母并跟读

	chīfàn		hěnmàn		miànmó		miǎnfèi
1.	吃饭		很慢	2.	面膜		免费
	fēngmǎn		bōfàng		fēnfēn		mèimei
3.	丰满		播放	4.	纷纷		妹妹
	bèifèn		běifāng		zuòmèng		dàfēng
5.	备份		北方	6.	做梦		大风
	yǒumíng		yàomìng		chúfáng		fǔdǎo
7.	有名		要命	8.	厨房		辅导
	mùbiāo		fāmíng		mìmì		fēngbì
9.	目标		发明	10.	秘密		封闭

8. 声母 d, t 的发音

（四）听录音，写出你听到的音节并跟读

	dōng		dǒng
1.	东	2.	懂
	dūn		tǎ
3.	吨	4.	塔
	tuǐ		diū
5.	腿	6.	丢
	duàn		tāng
7.	段	8.	汤

（五）写出你听到的声母并跟读

	dōngnán		tóngnián		tòngkǔ		dāndú
1.	东南		童年	2.	痛苦		单独
	tèdiǎn		dádào		mùdì		míngtiān
3.	特点		达到	4.	目的		明天
	dànshì		tóngshì		tóngyì		tǐyù
5.	但是		同事	6.	同意		体育
	tóuténg		dìdi		diànyǐng		tóuyǐng
7.	头疼		弟弟	8.	电影		投影

9. 声母 n, l 的发音

（四）听录音,写出你听到的音节并跟读

1. lóng 龙
2. náng 馕
3. nuǎn 暖
4. lǎn 懒
5. nuò 诺
6. léng 棱
7. là 辣
8. nǎi 奶

（五）听录音,写出你听到的声母并跟读

1. wúnài 无奈   wúlài 无赖
2. měinǚ 美女   měilì 美丽
3. nǎinai 奶奶   tài lěng 太冷
4. liúlàng 流浪 liúniàn 留念
5. liàolǐ 料理   niánlíng 年龄
6. nónglì 农历   lóngnǚ 龙女
7. liánxì 联系   niánqīng 年轻
8. làngfèi 浪费 Nuówēi 挪威

10. 声母 g, k, h 的发音

（四）听录音,写出你听到的音节并跟读

1. gē 哥
2. kuài 快
3. guāng 光
4. kuì 愧
5. guǐ 鬼
6. huáng 黄
7. kuǎn 款
8. huā 花

（五）听录音,写出你听到的声母并跟读

1. gèrén 个人   kèrén 客人   2. kuàilè 快乐   huàile 坏了
3. Měiguó 美国   Hánguó 韩国   4. tài guì 太贵   bú huì 不会

	bù gěi	bù gǎn	hǎibiān	gǎitiān
5.	不给	不敢	6. 海边	改天
	hòuhuǐ	Hòuhǎi	hòubian	gǎibiàn
7.	后悔	后海	8. 后边	改变

11. 声母 j, q, x 的发音

（四）听录音，写出你听到的音节并跟读

1. jiù 就   2. juān 娟
3. xiā 虾   4. xìn 信
5. qíng 情   6. jiàn 见
7. jiāng 将 8. qiú 球

（五）听录音，写出你听到的声母并跟读

1. xīnxīn 信心   辛勤 xīnqín   2. xīngqī 星期   xù jí 续集
3. zì jǐ 自己   qíngxù 情绪   4. xìngqù 兴趣   qīngxī 清晰
5. jiājù 家具   jiàqī 假期   6. xiǎojī 小鸡   xiāoxi 消息
7. xiǎoyú 小鱼   jiāoqū 郊区   8. yǔjù 雨具   quēxí 缺席

12. 声母 z, c, s 的发音

（四）听录音，写出你听到的音节并跟读

1. sì 四   2. suān 酸
3. cí 磁   4. zuàn 钻
5. sòng 送   6. cuī 催
7. ză 咋   8. céng 层

(五) 听录音, 写出你听到的声母并跟读

1. zì sī 自私　　zì cí 字词　　2. xǐzǎo 洗澡　　xǐ jiǎo 洗脚

3. zǎocāo 早操　　dǎsǎo 打扫　　4. sānsì 三四　　sāncì 三次

5. cèshì 测试　　sōngshù 松树　　6. zǔzhī 组织　　zìcóng 自从

7. cāicè 猜测　　sǎngzi 嗓子　　8. sīsuǒ 思索　　zuòcì 座次

13. 声母 zh, ch, sh, r 的发音

(四) 听录音, 写出你听到的音节并跟读

1. rǎo 扰　　2. shòu 瘦

3. suān 酸　　4. chuán 船

5. zhōng 中　　6. shàng 上

7. rè 热　　8. zhǎng 涨

(五) 写出你听到的声母并跟读

1. chángchángcāochǎng 常常操场　　2. rì qī 日期　　shāojī 烧鸡

3. shǎoshù 少数　　sōuchá 搜查　　4. zhànzhēng 战争　　chǎnshēng 产生

5. shōushí 收拾　　chōutì 抽屉　　6. nuǎnhuo 暖和　　róuhé 柔和

7. xuānchuán 宣传　　shāngchuán 商船　　8. jīchǎng 机场　　xīnshǎng 欣赏

14. 汉语送气音和非送气音的归纳总结

(四) 听录音, 写出你听到的音节并跟读

1. bèi 被　　2. pèng 碰　　3. qiū 秋　　4. jiāng 姜

	cái	cáng	zhè	dǔ
5.	才	6. 藏	7. 这	8. 堵

（五）听录音，写出你听到的声母并跟读

1. bāngmáng 帮忙　pěngchǎng 捧场　2. děngdài 等待　tàitai 太太

3. jījí 积极　jīqì 机器　4. zìdiǎn 字典　cídiǎn 词典

5. jìshù 技术　qùchú 去除　6. zhǐyào 只要　chīyào 吃药

15. 声母 z 和 zh 的辨音

（三）听录音，写出你听到的音节并跟读

1. zā 扎　2. zuàn 钻

3. zhǎng 涨　4. zhōng 中

5. zèng 赠　6. zhōu 周

7. zǎo 早　8. zhuāng 装

（四）听录音，写出你听到的声母并跟读

1. zhàopiàn 照片　zǎopén 澡盆　2. zhāopìn 招聘　zàoxíng 造型

3. xǐzǎo 洗澡　xúnzhǎo 寻找　4. zuòyè 作业　zhuóyuè 卓越

5. zhòngshì 重视　zhèngcháng 正常　6. biānzào 编造　hùzhào 护照

7. zhuānyuán 专员　zīyuán 资源　8. Xīcáng 西藏　jiǎzhuāng 假装

16. 声母 z 和 j 的辨音

（三）听录音，写出你听到的音节并跟读

1. zán 咱　2. jiǎng 讲

汉语语音100点

    jūn   zǒng
3. 均   4. 总

    jiù   zéi
5. 就   6. 贼

    jiǎn   zhuàn
7. 减   8. 赚

（四）听录音，写出你听到的声母并跟读

    jījí   zìjǐ   zuǒyòu   zìyóu
1. 积极   自己   2. 左右   自由

    jiànjiàn   zàijiàn   zá jì   zhájī
3. 渐渐   再见   4. 杂技   炸鸡

    zuòyè   jiùyè   yǒngjiǔ   xuǎnzé
5. 作业   就业   6. 永久   选择

    jīngjì   zhèngzài   zhíjiē   jùzi
7. 经济   正在   8. 直接   句子

17. 声母c和ch的辨音

（三）听录音，写出你听到的音节并跟读

    chá   cáng
1. 茶   2. 藏

    chún   chuáng
3. 纯   4. 床

    cǎo   chǒng
5. 草   6. 宠

    cén   chǎng
7. 岑   8. 场

（四）听录音，写出你听到的声母并跟读

    cāngliáng   chéngliáng   cāochǎng   jùchǎng
1. 苍凉   乘凉   2. 操场   剧场

    chōngfèn   cáifù   cā liǎn   chénglì
3. 充分   财富   4. 擦脸   成立

    chùsuǒ   cuòluò   cōngmáng   chōngmǎn
5. 处所   错落   6. 匆忙   充满

    chōukòng   cāngkù   chēliàng   chuānghu
7. 抽空   仓库   8. 车辆   窗户

18. 声母 c 和 q 的辨音

(三) 听录音,写出你听到的音节并跟读

1. 抢 qiǎng
2. 葱 cōng
3. 村 cūn
4. 亲 qīn
5. 请 qǐng
6. 翠 cuì
7. 球 qiú
8. 劝 quàn

(四) 听录音,写出你听到的声母并跟读

1. 其实 qíshí 确实 quèshí
2. 渠道 qúdào 菜刀 càidāo
3. 匆忙 cōngmáng 全面 quánmiàn
4. 脾气 píqi 碰巧 pèngqiǎo
5. 抽空 chōukòng 情况 qíngkuàng
6. 启发 qǐfā 欺负 qīfu
7. 采购 cǎigòu 奇怪 qíguài
8. 请问 qǐngwèn 错误 cuòwù

19. 声母 s 和 sh 的辨音

(三) 听录音,写出你听到的音节并跟读

1. 双 shuāng
2. 三 sān
3. 森 sēn
4. 吮 shǔn
5. 尚 shàng
6. 神 shén
7. 四 sì
8. 树 shù

(四) 听录音,写出你听到的声母并跟读

1. 松树 sōngshù 松鼠 sōngshǔ
2. 顺利 shùnlì 送礼 sònglǐ
3. 酸梨 suānlí 损失 sǔnshī
4. 手术 shǒushù 索取 suǒqǔ

汉语语音100点

	shǒubiǎo	shuìjiào		suíjī	sēnlín
5.	手 表	睡 觉	6.	随 机	森 林

	shēnglíng	shōushi		shuāidǎo	shuǎnglǎng
7.	生 灵	收 拾	8.	摔 倒	爽 朗

20. 声母s和x的辨音

(三) 听录音,写出你听到的音节并跟读

1. xiǎng 想　　2. sòng 送
3. sī 丝　　4. xùn 训
5. xuǎn 选　　6. xīn 新
7. xiǔ 朽　　8. xiōng 凶

(四) 听录音,写出你听到的声母并跟读

1. xuéxí 学习　xiūxi 休息　2. sīxiǎng 思想　xiǎoshí 小时
3. sìjì 四季　xiàngjī 相机　4. xiànjīn 现金　suǒyǐ 所以
5. sǔnshī 损失　xūyào 需要　6. xièxie 谢谢　sùdù 速度
7. dǎsuan 打算　dàxué 大学　8. duǎnxìn 短信　suīrán 虽然

21. 声母r, l的辨音及练习

(三) 听录音,写出你听到的音节并跟读

1. lǎn 懒　　2. ràng 让
3. ruò 若　　4. lóng 龙
5. rùn 润　　6. rè 热
7. luàn 乱　　8. rǎo 扰

（四）听录音，写出你听到的声母并跟读

1. réngrán 仍然　　róngliàng 容量　　2. lǎorén 老人　　ruǎnruò 软弱
3. liúlǎn 浏览　　liliang 力量　　4. rèqíng 热情　　luòkuǎn 落款
5. luóji 逻辑　　ròuwán 肉丸　　6. rènxìng 任性　　liúdòng 流动
7. liǎngcì 两次　　rúcǐ 如此　　8. réncái 人才　　liànrén 恋人

23. 单韵母

（五）写出你听到的音节，并跟读模仿

1. āyí　èyú　èyì　èrshí
2. zhuōzi　yùxí　yǔyī　dàyú
3. zhínü　shíyī　kěyǐ　bìlù

24. 怎样发好 i, u, ü ?

（四）听录音，写出你听到的韵母并跟读

1. yǔsǎn 雨伞　　yīyuàn 医院　　2. máobǐ 毛笔　　máoyī 毛衣
3. dúshū 读书　　tǐyù 体育　　4. bǔyú 捕鱼　　gùyì 故意
5. bùjiǔ 不久　　píjiǔ 啤酒　　6. pùbù 瀑布　　cíjù 词句
7. tòngkǔ 痛苦　　gǔlì 鼓励　　8. xìngqù 兴趣　　ā'yí 阿姨

25. 怎样发好 u 和 e ?

（四）听录音，写出你听到的韵母并跟读

1. kělè 可乐　　kǒukě 口渴　　2. tòngkǔ 痛苦　　báitù 白兔
3. kě'ài 可爱　　rè'ài 热爱　　4. rènwù 任务　　kùshǔ 酷暑

	tèsè	kùrè		chǔshǔ		lǐwù
5.	特色	酷热	6.	处暑		礼物

	qìchē	cèsuǒ		héshuǐ		kǔsè
7.	汽车	厕所	8.	河水		苦涩

26. e 和 er 的发音区别

(四) 听录音,写出你听到的韵母并跟读

	ěgùn	értóng		jī'è		ěrguāng
1.	恶棍	儿童	2.	饥饿		耳光

	fǎn'ér	èmèng		jīn'é		jìn'ér
3.	反而	噩梦	4.	金额		进而

	mù'ěr	wēi'é		yánrè		xiǎo'ér
5.	木耳	巍峨	6.	炎热		小儿

27. 复韵母(1)前响二合元音韵母

(三) 听录音,写出你听到的音节并跟读

	cái		péi
1.	才	2.	陪

	zhōu		hǎo
3.	周	4.	好

	féi		pōu
5.	肥	6.	剖

	shài		lóu
7.	晒	8.	楼

(四) 听录音,写出你听到的韵母并跟读

	pǎobù	zǒulù		huílai		fēijī
1.	跑步	走路	2.	回来		飞机

	báicài	páiduì		zhōumò		kǎoshì
3.	白菜	排队	4.	周末		考试

	měihǎo	pāizhào		xiǎocǎo		gǎnmào
5.	美好	拍照	6.	小草		感冒

28. 复韵母(2)后响二合元音韵母

(四)听录音,写出你听到的音节并跟读

1. 虾 xiā　　2. 火 huǒ
3. 花 huā　　4. 鞋 xié
5. 借 jiè　　6. 耍 shuǎ
7. 收 shōu　　8. 略 lüè

(五)听录音,写出你听到的韵母并跟读

1. 假牙 jiǎyá　　说话 shuōhuà　　2. 国家 guójiā　　雪茄 xuějiā
3. 优雅 yōuyǎ　　介绍 jièshào　　4. 小虾 xiǎoxiā　　画画 huàhuà
5. 觉得 jiàode　　一下 yīxià　　6. 作为 zuòwéi　　收费 shōufèi

29. 复韵母(3)中响三合元音韵母

(四)听录音,写出你听到的音节并跟读

1. 要 yào　　2. 秒 miǎo
3. 灰 huī　　4. 害 hài
5. 留 liú　　6. 票 piào
7. 久 jiǔ　　8. 睡 shuì

30. 鼻韵母(1)前鼻音韵母1

(四)听录音,写出听到的音节并跟读

1. 脸 liǎn　　2. 汗 hàn
3. 谈 tán　　4. 院 yuàn

5. 涮 shuàn 6. 蛋 dàn
7. 管 guǎn 8. 先 xiān

31. 鼻韵母(1)前鼻音韵母2

(四) 听录音,写出你听到的音节并跟读

1. 新 xīn   2. 吻 wěn
3. 存 cún   4. 均 jūn
5. 轮 lún   6. 坤 kūn
7. 很 hěn   8. 甚 shèn

32. 鼻韵母(2)后鼻音韵母1

(四) 听录音,写出你听到的音节并跟读

1. 黄 huáng 2. 量 liàng
3. 常 cháng 4. 狂 kuáng
5. 上 shàng 6. 梁 liáng
7. 装 zhuāng 8. 逛 guàng

33. 鼻韵母(2)后鼻音韵母2

(四) 听录音,写出你听到的音节并跟读

1. 成 chéng 2. 用 yòng
3. 熊 xióng 4. 荣 róng

	hóng	xīng
5.	红	6. 星

	gōng	zhōng
7.	功	8. 钟

34. 前鼻音韵母和后鼻音韵母的辨析

(四) 听录音,写出你听到的韵母并跟读

1. qīnyǎn 亲眼　　qīngnián 青年　　2. pángbiān 旁边　　bāndiǎn 斑点
3. tāngyuán 汤圆　　tuányuán 团圆　　4. chángnián 常年　　chánmián 缠绵
5. shàngyǎn 上演　　shānyáng 山羊　　6. biǎoyǎn 表演　　biǎoyáng 表扬
7. yīnyuè 音乐　　yìngyòng 应用　　8. gēnběn 根本　　gǎnjǐn 赶紧

35. an, en, in 以及 ang, eng, ing 的开口度的区别

(四) 听录音,写出你听到的韵母并跟读

1. lóufáng 楼房　　chéngqiáng 城墙　　2. lěngcān 冷餐　　lǐngbān 领班
3. pénjǐng 盆景　　pìnqǐng 聘请　　4. hánlěng 寒冷　　hǎilàng 海浪
5. pīngpāng 乒乓　　pèngzhuàng 碰撞　　6. zhāopìn 招聘　　yùmèn 郁闷

36. i 或 i 起头的韵母

(四) 听录音,写出你听到的韵母并跟读

1. qiūtiān 秋天　　jiāotán 交谈　　2. àomàn 傲慢　　jīnwǎn 今晚
3. miǎnqiǎng 勉强　　huāngzhāng 慌张　　4. zháojí 着急　　jiāolǜ 焦虑
5. hóngxīng 红星　　xióngxīn 雄心　　6. Lánzhōu 兰州　　tiānliàng 天亮

37. u 或 u 起头的韵母

(四) 听录音,写出你听到的韵母并跟读

1. rénkǒu 人口　　biāozhǔn 标准　　2. hēiàn 黑暗　　huílái 回来
3. yǎnjīng 眼睛　　fēngjǐng 风景　　4. shùgēn 树根　　shùdūn 树墩
5. guāngmáng 光芒　　fēngwáng 蜂王　　6. gēchàng 歌唱　　bēichuàng 悲怆
7. shěngzhǎng 省长　　qǐchuáng 起床　　8. xiānhuā 鲜花　　xiǎngfǎ 想法

38. ü 或 ü 起头的韵母

(四) 听录音,写出你听到的音节并跟读

1. jiàoxùn 教训　　xiǎoxīn 小心　　2. róuruǎn 柔软　　yáoyuǎn 遥远
3. píxié 皮鞋　　píxuē 皮靴　　4. huǎnhé 缓和　　xuǎnzé 选择
5. shìjuàn 试卷　　shíjiān 时间　　6. zhǎnzhuǎn 辗转　　qiānquǎn 缱绻

41. 汉语普通话的四呼

(三) 根据韵母开头的不同,把下列韵母分成四类

1. a ao ei ou an eng ong ai

2. iao in ing iong

3. uai uan u ueng uo

4. ü üe üan ün

42. 普通话声韵拼合规律

(三) 找出下列每组音节中声母和韵母拼合错误的一个

1. hü

2. büan

3. shiao

4. quang

44. 音节拼写规则：y, w 的用法

（三）听录音,给听到的音节加上 y 或者 w

1. wūhēi   2. wēnnuǎn   3. wěiwǎn   4. wāngyáng
5. wūrǎn   6. tiàowǔ   7. yīyuàn   8. qìwēn
9. yīngyǔ   10. kěyǐ   11. wánquán   12. shānyáng
13. yóujú   14. xiǎoyǔ   15. zuǒyòu   16. yíwèn

47. 音节拼写规则：标调法

（三）听录音,给下列音节标注声调,注意声调的位置

1. āyí   jiātíng   2. hòuhuǐ   shuǐpíng
2. lěngmò   zúqiú   4. wánměi   shuōmíng
5. píqiú   píjiǔ   6. zhīshi   suìpiàn
7. rènwéi   yāoqiú   8. shēngcí   xiǎochī

50. 怎么发好第一声和第四声？

（三）听录音,写出你听到的音节并跟读

1. 片 piàn   2. 憨 hān
3. 优 yōu   4. 受 shòu
5. 梦 mèng   6. 枪 qiāng
7. 倦 juàn   8. 伤 shāng

（四）听录音,给你听到的音节标注声调

1. 象 xiàng   亮 liàng   欢 huān   俊 jùn
2. 睡 shuì   生 shēng   婚 hūn   最 zuì
3. 争 zhēng   确 què   恤 xù   居 jū

4. duàn 断　　liàn 练　　fēi 非　　zhuī 追

5. shùn 顺　　zuàn 钻　　làn 烂　　xuàn 绚

51. 怎么发好第二声和第三声？

（三）听录音，写出你听到的音节并跟读

1. chǒng 宠　　2. huǎn 缓

3. huáng 黄　　4. lǎng 朗

5. tuí 颓　　6. mǎi 买

7. měi 美　　8. qué 瘸

（四）听录音，给你听到的音节标注声调

1. shǔn 吮　　huí 回　　mǎn 满　　yáng 羊

2. yuán 园　　yuǎn 远　　yá 牙　　guǎ 寡

3. lún 轮　　yǒng 永　　yíng 营　　hóng 红

4. bái 白　　shuǐ 水　　chá 茶　　nǎi 奶

5. lěi 垒　　guǎng 广　　féi 肥　　hé 和

52. 双音节词的声调搭配：1+1, 1+2

（三）听录音，写出你听到的音节并跟读

1. xīngkōng 星空　　2. wēnróu 温柔

3. shīmián 失眠　　4. sīyí 司仪

5. tāngsháo 汤勺　　6. qiūtiān 秋天

	Zhōngwén		xiāngtóng
7.	中 文	8.	相 同

（四）听录音，给下列音节标注声调

	gōngsī	gōngrén	gōngpíng	shēnbiān
1.	公 司	工 人	公 平	身 边
	yōuyáng	shēnpáng	cōngmáng	qījiān
2.	悠 扬	身 旁	匆 忙	期 间
	jīxíng	xīnqíng	qīngnián	shīmián
3.	机 型	心 情	青 年	失 眠
	kāitōng	Zhōngdōng	zhōngnián	zhōngjiū
4.	开 通	中 东	中 年	终 究

53. 双音节词的声调搭配：1+3，1+4

（三）听录音，写出你听到的音节并跟读

	jiūjìng		xiūlǐ
1.	究 竟	2.	修 理
	kāishǐ		xiūjià
3.	开 始	4.	休 假
	jiāohuì		lāchē
5.	交 汇	6.	拉 车
	gāngbǐ		chūxiàn
7.	钢 笔	8.	出 现

（四）听录音，给下列音节标注声调

	gōnglǐ	gōnglì	gōngyǎn	gōngzhèng
1.	公 里	功 力	公 演	公 正
	jīnwǎn	jīnyè	jīběn	jījìn
2.	今 晚	今 夜	基 本	激 进
	fēngfù	gānjìng	jīhuì	fāngfǎ
3.	丰 富	干 净	机 会	方 法
	gāngbǐ	jiānbǎng	shōukàn	fāzhǎn
4.	钢 笔	肩 膀	收 看	发 展

54. 双音节词的声调搭配：2+1，2+2

(三) 听录音，写出你听到的音节并跟读

1. Hángzhōu 杭州
2. píngfán 平凡
3. héliú 河流
4. hónghuā 红花
5. báitiān 白天
6. chéngrén 成人
7. zúqiú 足球
8. jízhōng 集中

(四) 听录音，给下列音节标注声调

1. shízhuāng 时装　shícháng 时常　shíjī 时机　shímáo 时髦
2. guójiā 国家　qiántiān 前天　lánqiú 篮球　qiúxīng 球星
3. céngjīng 曾经　chóngféng 重逢　fánmáng 繁忙　cóngqián 从前
4. líkāi 离开　líbié 离别　tíbāo 提包　tígāo 提高

55. 双音节词的声调搭配：2+3，2+4

(三) 听录音，写出你听到的音节并跟读

1. chéngkè 乘客
2. bóshì 博士
3. xúnzhǎo 寻找
4. quánmiàn 全面
5. héshì 合适
6. ménkǒu 门口
7. érqiě 而且
8. quántǐ 全体

(四) 听录音，给下列音节标注声调并跟读

1. cúnfàng 存放　cídài 磁带　cíhǎi 辞海　cóngcǐ 从此

	cóngshì	qiúchǎng	qiúsài	tónghuà
2.	从事	球场	球赛	童话
3.	báicài 白菜	féipàng 肥胖	chéngzhǎng 成长	chéngjiù 成就
4.	cúnzài 存在	chéngjì 成绩	xuéwèn 学问	xuézhǎng 学长

56. 双音节词的声调搭配：3+1, 3+2

（三）听录音，写出你听到的音节并跟读

1. huǒchē 火车   2. shuǐjīng 水晶
3. shǒumén 守门   4. bǐnggān 饼干
5. xiǎoxīn 小心   6. gǎnjué 感觉
7. huǎnghū 恍惚   8. guǎngbō 广播

（四）听录音，给下列音节标注声调

1. jǔxíng 举行   lǚxíng 旅行   kǎchē 卡车   xiǎoshí 小时
2. jiǎnzhí 简直   zhǎnchū 展出   shǒuxiān 首先   shǒuxí 首席
3. zǒngzhī 总之   zǒngzhí 总值   qǐngqiú 请求   wǎnqiū 晚秋
4. qǐchuáng 起床 jiǎnchá 检查   yǐngxīng 影星   yǒumíng 有名

57. 双音节词的声调搭配：3+3, 3+4

（三）听录音，写出你听到的音节并跟读

1. kěyǐ 可以   2. kǎoshì 考试
3. bǐjiào 比较   4. xǐhào 喜好
5. gǎnmào 感冒   6. dǎsǎn 打伞

253

汉语语音100点

	liǎojiě	fǔdǎo
7. 了解	8. 辅导

(四)听录音,给下列音节标注声调

	yǐngxiǎng	yǐngxiàng	dǎsǎo	bǎoxiǎn
1.	影响	影像	打扫	保险
	hǎiwài	bǎohù	yǒuhǎo	kěkǒu
2.	海外	保护	友好	可口
	fǎngwèn	wǎngwǎng	suǒyǐ	shǒuyì
3.	访问	往往	所以	手艺
	hǎojiǔ	hǎoyǒu	hǎokàn	fǎnduì
4.	好酒	好友	好看	反对

58. 双音节词的声调搭配:4+1,4+2

(三)听录音,写出你听到的音节并跟读

	qùnián		dàyī
1.	去年	2.	大衣
	tóngháng		mùqián
3.	同行	4.	目前
	yùxí		shèngkāi
5.	预习	6.	盛开
	qìgōng		dàxué
7.	气功	8.	大学

(四)听录音,给下列音节标注声调

	hòutiān	hòunián	hòumén	hòubian
1.	后天	后年	后门	后边
	fùzé	fàngxīn	nèiróng	fùzá
2.	负责	放心	内容	复杂
	yònggōng	yùnxíng	yòngxīn	kèwén
3.	用功	运行	用心	课文
	qìchē	hùxiāng	fùxí	mùqián
4.	汽车	互相	复习	目前

59. 双音节词的声调搭配:4+3,4+4

(三)听录音,写出你听到的音节并跟读

gèzhǒng	fàndiàn
1. 各 种	2. 饭 店
dàshǐ	fàngjià
3. 大 使	4. 放 假
fùjìn	bànfǎ
5. 附 近	6. 办 法
dàibiǎo	diànyǐng
7. 代 表	8. 电 影

(四)听录音,给下列音节标注声调

yùndòng	yìngyòng	yòngfǎ	fùkuǎn
1. 运 动	应 用	用 法	付 款
bànlù	rùwǔ	cuòwù	kèshǒu
2. 半 路	入 伍	错 误	恪 守
qìshuì	qìshuǐ	qìlì	gànbù
3. 契 税	汽 水	气 力	干 部
shuìjiào	shènglì	jìmò	huòzhě
4. 睡 觉	胜 利	寂 寞	或 者

60. 汉语的轻声(1)

(三) 听录音,找出每组中声调不同的那个词

zǎoshang
1. 早 上

rènao
2. 热 闹

dānzi
3. 单 子

mǎhu
4. 马 虎

(四)听录音,给下列词语标注声调

shítou	zhǒngzi	gēge	fēngzheng
1. 石 头	种 子	哥 哥	风 筝
gūniang	dìfang	chuānghu	gānjing
2. 姑 娘	地 方	窗 户	干 净
tàiyang	yuèliang	duìwu	píqi
3. 太 阳	月 亮	队 伍	脾 气

shéngzi	chǎnzi	dǎting	shétou
4. 绳子	铲子	打听	舌头

63. 汉语的轻声(4)轻声的辨义作用

(三) 听录音,找出每组中有轻声音节的一个词

1. gūgu
   姑姑

2. tiānshang
   天　上

3. tīngzhe
   听着

4. kànkan
   看看

5. suàn yi suàn
   算 一 算

6. wǒ de
   我 的

64. 三音节词语的声调搭配

(五) 听录音,给下列三音节词语标注声调

	Shíjiāzhuāng	Mòsīkē	xīngqīwǔ	diànshìjī
1.	石家庄	莫斯科	星期五	电视机
	xǐyījī	yízhàngduì	shuǐdiànfèi	wǔhuāròu
2.	洗衣机	仪仗队	水电费	五花肉
	lǜcháfěn	jīdàntāng	xīlánhuā	Hāmìguā
3.	绿茶粉	鸡蛋汤	西兰花	哈密瓜

66. 含有轻声音节的三音节词语

(四) 听录音,找出每个词中读轻声的音节

	gùshishū	lǎoshirén	jiějie de	kàn yi kàn
1.	故事书	老实人	姐姐的	看一看
	xiǎngbu xiǎng	xiǎopengyou	huílai ba	shénme fàn
2.	想不想	小朋友	回来吧	什么饭

	hù shi zhǎng	qiān hétong	chī pútao	mǎi shíliu
3.	护 士 长	签 合 同	吃 葡 萄	买 石 榴

67. "一"的变调

(四) 猜一猜：给左边的图片找到合适的量词，并给"一"标注声调

yì pǐ mǎ
一 匹 马

yì tóu niú
一 头 牛

yí jiàn yī fu
一 件 衣 服

yì píng pí jiǔ
一 瓶 啤 酒

yí ge miànbāo
一 个 面 包

68. "不"的变调

(五) 听录音，给下列成语中的"不"标注声调，并跟读模仿

	bù yī bùráo	bù kū bú nào	bùsān bú sì	bùgān bújìng
1.	不 依 不 饶	不 哭 不 闹	不 三 不 四	不 干 不 净
	bùyuǎn bú jìn	bùshuō búxiào	bùmíng bùbái	bú dà bùxiǎo
2.	不 远 不 近	不 说 不 笑	不 明 不 白	不 大 不 小
	bùyuǎn wàn lǐ	níng sǐ bùqū	gāngzhí bù ē	wúsuǒ bùnéng
3.	不 远 万 里	宁 死 不 屈	刚 直 不 阿	无 所 不 能

69. 儿化

(四) 听录音，找出每组中没有儿化韵的词语

	dōngbian
1.	东 边

	jiànmiàn
2.	见 面

	zháojí
3.	着 急

	zhǎoqián
4.	找 钱

5. yuánquān
   圆 圈

6. wǔdiǎn
   五 点

7. lì xià
   立 夏

8. máopí
   毛 皮

84. "……啊"的音变综合练习
（二）听录音,选择你听到的短语

1. hǎochī ra
   A. 好吃啊

2. kuài shuō ya
   B. 快 说 啊

3. tǐng máng [nga]
   B. 挺 忙 啊

4. hǎo qiú wa
   B. 好 球 啊

5. zhēn rè ya
   A. 真 热 啊

6. bù xíng [nga]
   A. 不 行 啊

7. xiě zì [za]
   B. 写 字 啊

8. bān jiā ya
   B. 搬 家 啊

9. bié shēngqì ya
   B. 别 生 气 啊

10. hǎo chǒu wa
    A. 好 丑 啊

85. 双音节词语的重音

（三）听录音，标出每个词语中的重音位置

1. hǎochī 好吃・　　lǎoshi 老实・　　xiǎojie 小・姐　　xiānsheng 先・生
2. měitiān 每・天　　qiánbian 前・边　　kěnéng 可能・　　lìyòng 利用・
3. jīnyú 金・鱼　　jìngyù 境遇・　　lìsuo 利・索　　sīsuǒ 思索・
4. dàmén 大门・　　dǎban 打・扮　　yìbān 一般・　　máfan 麻・烦

86. 三音节词语的重音

（三）听录音，标出每个词语中重音的位置

1. túshūguǎn 图书馆・　　wàijiāoguān 外交官・　　Shìjièbēi 世・界杯　　tíngchēfèi 停车费・
2. yǒu dàoli 有道・理　　hǎopéngyou 好朋・友　　xiǎoháizi 小孩・子　　lǎo dōngxi 老・东西
3. wǒde ne 我・的呢　　fán zhe ne 烦・着呢　　è dehuang 饿・得慌　　dǔ de huang 堵・得慌

87. 四音节词语的重音

（二）听录音，标出每个词语中重读音节的位置

shí quán shí měi 十全十美・　　wàn wú yì shī 万无一・失　　Wūlǔmùjì 乌鲁木齐・

Qíqíhāěr 齐齐哈尔・　　jiǔ sǐ yì shēng 九死一・生　　huān tiān xǐ dì 欢天喜地・

（三）听录音，找出每个词语中的轻声音节

shūshufú fú 舒舒服・服　　píngping ānān 平・平安安　　gāngan jìngjìng 干・干净净

tòngtongkuàikuài 痛・痛快快　　liàngliang tángtáng 亮・亮堂堂　　hú li hú tú 糊・里糊涂

88. 句子中的停顿

(二) 听录音,找出句子中停顿的位置,并跟读模仿

1. Xuéxiào dōngmén duìmiàn de nà jiā Sìchuān fànguǎnr hěn yǒumíng.
   学校东门对面的那家四川饭馆儿｜很有名。

2. Běijīng shì Zhōngguó de wénhuà zhōngxīn hé zhèngzhì zhōngxīn.
   北京｜是中国的文化中心和政治中心。

3. Lǎoshī bìng bù zhīdào nàge háizi xīn li zài xiǎng shénme.
   老师并不知道｜那个孩子心里在想什么。

4. Tàijíquán shì yì zhǒng jì néng qiángshēn jiàntǐ yòu néng tígāo xiūyǎng de yùndòng.
   太极拳｜是一种既能强身健体｜又能提高修养的运动。

5. Zài Xīwàng Gōngchéng de zīzhù xià chéng qiān shàng wàn de háizi chóng fǎn le xiàoyuán.
   在"希望工程"的资助下｜成千上万的孩子重返了校园。

6. Tā lèi dé jiǎnzhí dōu chuǎn bu guò qì lái le.
   他累得｜简直都喘不过气来了。

89. 句子的重音(1)(语法重音)

(二) 听录音,找出句子中重读的部分,并跟读模仿

1. Zuótiān wǎnshang nǐ zuò shénme le?
   昨天晚上你做什么了？

2. Tāmen jiěmèiliǎ gāogāo xìngxìng de cóng wàibian huílai le.
   她们姐妹俩高高兴兴地从外边回来了。

3. Tā xiào de bǎ yáchuáng dōu lòu chūlai le.
   她笑得把牙床都露出来了。

4. Tāmen zuì bù xiǎng kàndào de qíngkuàng háishì fāshēng le.
   他们最不想看到的情况还是发生了。

5. Shéi dōu yǒu yùdào kùnnan de shíhou.
   谁都有遇到困难的时候。

Nǐ zuò shénme, wǒ jiù chī shénme.
6. 你做什么，我就吃什么。
　　　·　　　·　　　　　·　　　·

90. 句子的重音(2)(逻辑重音1)

（二）听录音，找出句子中重读的部分，并跟读模仿

Xiǎomíng jīntiān bù xiǎng chī Sìchuān cài le.
1. 小 明 今天 不 想 吃 四川 菜了。
　　·　·

Xiǎomíng jīntiān bù xiǎng chī Sìchuān cài le.
2. 小 明 今天 不 想 吃 四川 菜了。
　　　　　　·　·

Xiǎomíng jīntiān bù xiǎng chī Sìchuān cài le.
3. 小 明 今天 不 想 吃 四川 菜了。
　　　　　　　　　·　·

Xiǎo Míng jīntiān bù xiǎng chī Sìchuān cài le.
4. 小 明 今天 不 想 吃 四川 菜了。
　　　　　　　　　　　　　　·　·

91. 句子的重音(3)(逻辑重音2)

（二）听录音，找出句子中重读的部分，并跟读模仿

Ràng tā gǎibiàn zhǔyi jiǎnzhí bǐ dēng tiān hái nán!
1. 让 他改变 主意简直比登 天 还 难！
　　　　　　　　　　　　　　　·　·　·

Nǐ rènhé shíhou yǒu rènhé wèntí dōu kěyǐ lái zhǎo wǒ.
2. 你任何时候、有任何问题都可以来 找 我。
　　·　·　　　　　·　·

Zhè zhēn bù shì nào zhe wánr de!
3. 这 真 不是 闹着 玩儿的！
　　　·　·

Shuō qǐlai róngyì zuò qǐlai nán.
4. 说 起来 容易，做 起来 难。
　　　·　　　　　　　·

Nǐ jīntiān zěnme zhème dǎoméi ya!
5. 你今天 怎么 这么 倒 霉 啊！
　　　　　　　　　　　·　·

Dāngnián tā háishì ge tānwánr de háizi ne, xiànzài yǐjing shì yǒu
6. 当 年他还是个贪 玩儿的孩子呢，现 在已经 是 有
　　　　　　　　　　　·　·
míng de yīshēng le.
名 的医生 了。
·　　·

92. 基本句调(升调和降调)

（二）听录音，给你听到的句子标注声调还是降调，并跟读模仿

Zhè shì Xiǎo Wáng de Hànyǔshū.
1. 这是 小 王 的汉语书 。↓

2. Nǐmen míngtiān qù Shànghǎi?
   你们 明天 去 上 海？↑

3. Tā cónglái méi qù guo Yíhéyuán?
   他 从来 没 去 过 颐和 园？↑

4. Tā bù zhīdào míngtiān kǎoshì.
   他 不 知 道 明 天 考试。↓

5. Tā mā yě bù zhīdào tā zài nar.
   她 妈 也 不 知 道 她 在 哪儿。↓

6. Tā huì shuō wǔ mén wàiyǔ.
   他 会 说 五 门 外 语。↓

93. 陈述句的句调

(二) 听录音，选择每组中读降调的句子

1. B. Wǒ yě bù zhīdào tā qù nǎr le.
   我 也 不 知 道 他 去 哪儿 了。

2. A. Zhè ge xuéxiào dàgài yǒu jǐ qiān ge xuésheng.
   这 个 学 校 大概 有 几 千 个 学 生。

3. B. Tā méi gàosu wǒ tā de shēngri shì jǐ yuè jǐ hào.
   他 没 告诉 我 他的 生 日 是 几 月 几 号。

4. A. Chī shénme dōu kěyǐ.
   吃 什 么 都 可以。

5. B. Wǒ hē píjiǔ huòzhě guǒzhī.
   我 喝 啤酒 或 者 果 汁。

94. 疑问句的句调

1. Nǐ xué Hànyǔ háishi xué Rìyǔ?
   你 学 汉语↑还是 学 日语？↓

2. Míngtiān huì bu huì xià yǔ?
   明 天 会 不 会 下 雨？↓

3. Zhōumò nǐ qù bu qù Shànghǎi?
   周 末 你 去 不 去 上 海？↓

4. Nǐ dǎsuan shénme shíhou gēn tā jiànmiàn?
   你 打 算 什 么 时 候 跟 他 见 面？↓

5. Nǐ zài Zhōngguó zhù le jǐ nián le?
   你 在 中 国 住 了 几 年 了？↓

Zhōumò nǐ xiǎng gēn wǒmen yìqǐ qù páshān ma?
6. 周末你想 跟我们 一起去爬山 吗？↑

95. 祈使句的句调

（二）听录音,给你听到的句子标注句调并跟读

Qǐng gēn wǒ lái.
1. 请 跟 我 来 。↓

Yídìng yào lái cānjiā wǒmen de hūnlǐ ya!
2. 一定 要 来 参加 我 们 的 婚礼啊！↓

Tiānqì yùbào shuō míngtiān yǒu yǔ, bié wàngle dài yǔsǎn.
3. 天气预报 说 明 天 有 雨↑,别 忘 了带 雨伞。↓

Nǐ chūqu!
4. 你 出 去！↓

Xiànzài kèren tài duō le, qǐng nín xiān zài zhèr páiduì.
5. 现 在 客人 太 多 了↑,请 您 先 在 这儿 排队。↓

96. 感叹句的句调

（二）听录音,给你听到的句子标注句调,并跟读模仿

Zhēn shì tài gǎnxiè nǐ le!
1. 真 是 太 感谢你了！↓

Tā yí ge rén zài nàr shēnghuo duō bù róngyi a!
2. 他一个人在那儿 生 活 多不 容 易啊！↓

Nǐ zěnme zhème méiyǒu lǐmào!
3. 你 怎 么 这 么 没 有 礼貌 ！↓

Zhè háizi tài bú xiàng huà le!
4. 这 孩子太不 像 话 了！↓

97. 句子末尾的"吧"和"吗"

（二）听录音,给你听到的句子标注升调或者降调

Wǒmen yǒu sānshí duō nián méi jiàn guo miàn le ba?
1. 我们 有 三十 多 年 没见 过 面 了吧？↓

Zěnmeyàng? Nǐ de sǎngzi hái téng ma?
2. 怎么 样？你的 嗓子还 疼 吗？↑

汉语语音100点

3.   Zěnmeyàng? Nǐ de sǎngzi bù téng le ba?
   怎么样？你的嗓子不疼了吧？↓

4.   Dǎ dī tài guì le, háishì zuò dìtiě qù ba.
   打的太贵了，还是坐地铁去吧。↓

5.   Zhèyàng bù tài hǎo ba, kǒngpà tā yào shēngqì ba?
   这样不太好吧，恐怕她要生气吧？↓